주대준 장로는 진실한 크리스천이요 나라를 사랑하는 애국자입니다. 또한 개척자요 도전하는 사나이입니다. 그런 주대준 장로께서 이번에 멋진 책을 출간하였습니다. 『이 땅에 묻힌 선교사들이 다 전하지 못한 100년의 이야기』라는 책입니다. 이 책의 원고를 읽으며 나는 감탄을 거듭하였습니다. 이 책에는 교과서에 실리지 못한 소중한 이야기가 실려 있습니다. 또 장마다 중요한 내용을 삽화(웹툰)로 넣어 읽으면서 이해하기가 쉽습니다.

저는 이 책이 청소년들을 포함하여 이 시대에 대한민국을 사랑하는 이들이 반드시 읽어야 할 책이라 여겨, 한국 교회 성도들에게 강력히 추천합니다. 이 시대를 살아가는 뜻 있는 분들의 일독을 거듭 강조하며, 추천의 글에 대신합니다.

김진홍 두레마을 대표목사

예수님의 복음은 어둔 세상을 밝히는 한줄기 빛이었습니다. 100여 년 전 당시 세상에서 가장 불쌍한 민족에게 그리스도의 사랑이 들어왔고, 가장 어두운 곳에 복음의 불이 밝혀짐으로 이 민족은 동이 트는 새벽을 맞이하게 되었습니다. 130여 년 전 선교사들은 헌신과 희생으로써 교회와 신학교를 세웠고, 병원을 세웠으며, 학교를 세워 문맹을 퇴치하고 남녀 누구나 교육받을 수 있는 길을 만들었습니다. 성경과 한글이 만나면서 일반 대중이 하나님 말씀을 접하게 되었고, 이러한 일들은 하나님의 예정하신 섭리대로 차질 없이 진행되어 오늘에 이르렀습니다. 이제, 우리는 복음의 빚을 갚아야 합니다. 이 책의 저자 주대준 장로님은 역사학자가 아니면서도 어느 교회사 책에서도 다루지 않은 내용을 사회학적 관점에서 탁월하게 다룬 것은 평소 학습하는 습관이 몸에 배어있었기에 가능했습니다. 주대준 장로님은 최고의 사이버안보 전문가(KAIST Ph.D.)요, 최고위공직자(청와대경호실 경호차장)요, 교육자(KAIST 부총장, 선린대 총장)일 뿐만 아니라 이제는 하나님의 선교를 담당하는 영적 전쟁터 최전선에서 지휘관으로 서신 분입니다. 장로님의 평소 성격이나 스타일로 볼 때 어느 정도 예상된 일이었습니다.

이 책을 통해 단순한 선교 역사가 아닌 하나님의 섭리라는 큰 틀에서 우리에겐 사명을, 우리나라엔 큰 비전을 제시하는 귀한 책임을 믿어 의심치 않습니다. 이제, 우리는 사랑의 빚을 갚아야 할 때입니다.

김봉준 미래목회포럼 대표, 아홉길사랑교회 담임목사

심장을 뛰게 하는 책, 조국 교회를 향한 연서

저는 한 사람의 중요성을 잘 알고 있습니다. 그중의 한 분이 바로 주대준 장로님입니다. 장로님은 경남 산청의 산골짜기, 어느 교회문 앞에 붙은 "주 예수를 믿으라 그리하면 너와 네 집이 구원을 받으리라"는 문구를 보고 '주 예수'가 자기 삼촌인지 알았다고 하죠. 그런 까까머리 산골 소년이 주 예수를 만난 후 오늘날 입지전적인 인물이 된 것입니다.

주 장로님은 한국 IT업계의 선구자로서 청와대를 IT밸리로 만들었으며 대통령경호실 경호차장에까지 오른 꿈과 기적의 사람입니다. 그리고 경호차장 이후, CTS인터내셔널 회장으로 사역을 하면서 한국 교회의 부흥과 해외선교에 대해 혜안이 생기기 시작한 것입니다. 한국 교회를 염려하고 미래를 바라보는 생각과 혜안이 어쩌면 그렇게 저와 똑같은지요. 그래서 저는 그분을 만날 때마다 가슴이 뜁니다. 그분의 눈동자에서 나오는 정념의 빛이 저의 심장을 뜨겁게 하고, 그분과 대화할 때는 그분의 심장소리까지 들리곤 합니다.

그 뜨거운 심장으로 써 내려간 책이 바로 『이 땅에 묻힌 선교사들이 다 전하지 못한 100년의 이야기』입니다. 우상과 미신, 가난과 질병, 무지와 차별로 가득했던 조선 땅에 선교사들이 와서 한글 교육, 차별 철폐, 여성 해방, 질병 퇴치, 언론과 출판 양성, 근대교육 신장, 독립운동의 산파 역할을 했던 사료들을 웹툰과 아름다운 이야기 형태로 쉽게 풀어 썼습니다. 학교 교과서에도 없고, 목회자들도 쉽게 접할 수 없는 내용을 발굴하여 선교사들이 조선 사회의 각 분야에서 어떻게 근대국가의 기초를 닦았는지 소개하고 있습니다.

저는 이 원고를 읽으면서 세상에 우리나라 선교 역사에 이런 일이 있었나 하며 눈시울이 젖고 심장이 뛰었습니다. 이 책은 반드시 한국 교회 목회자들과 신학생, 성도들이 한 번은 꼭 읽어야 할 책입니다. 이 책에는 한국 교회 초기 선교사들이 사랑과 섬김, 시대정신과 역사의식을 담아놓고 있습니다. 한국 교회가 여러 가지로 공격을 받고 위기를 맞고 있는 이때에, 이 책은 반드시 한국 교회의 본질과 정체성, 미래의 방향성을 제시해 줄 것입니다.

저는 앞으로도 주대준 장로님과 사역의 파트너가 되어서 한국 교회를 살리고 지키는 일에 앞장설 것입니다. 주 장로님은 청와대의 요셉을 넘어서 한국 교회의 요셉이 될 것입니다. 이 책이 한국 교회를 살리고 새롭게 하는데 귀하게 쓰임 받기를 바라며 기쁜 마음으로 추천합니다.

소강석 새에덴교회 담임목사

어느 가을이었다. 양화진 선교사 묘원을 둘러보다가 내 발걸음이 멈춘 곳은 유명한 선교사의 무덤 앞이 아니었다. 선교사 묘원 끝자락에 위치한 이름 모를 선교사, 그리고 그 자녀들의 비문이었다. 비문에서, 하나님의 축복을 받고 태어난 아기가 이 땅에 살다간 시간은 불과 하루, 또는 이틀이었다. 그 짧은 비문은 엄청난 충격으로 내게 다가왔다. 그때 그 부모 선교사의 마음은 어땠을까? 그들은 과연 어떤 마음으로 이 낯선 땅에 와서 자녀까지 바쳐야 했던 것일까.

주대준 장로님의 책은 그런 물음표에 대한 느낌표라고 할 수 있다. 낯선 조선 땅에서 자식을, 그리고 자신마저 묻었던 선교사들의 이야기, 그리고 무엇보다 그들의 이 땅 조선을 향한 마음이 생생하게 기록되어 있다. 130여 년 전 자신의 나라에서 전도유망한 엘리트들이 본국의 최고의 일자리를 거부하고 생명을 걸고 순교자의 정신으로 파송 받아 미지의 나라 조선에 복음의 씨를 뿌렸고, 그 복음은 조선 사회를 송두리째 바꾸어 놓았다. 그 결과 오늘날 대한민국은 글로벌 선도국가, 초일류국가로 발돋움했다! 대한민국의 천만 성도와 청소년들이 반듯이 읽어야 할 필수 교과서임을 강조하면서 일독을 권한다.

양병희 영안장로교회 담임목사

세계직장선교연합회 대표회장 주대준 장로가 오늘날 한국 교회 성도들에게 전하는 『이 땅에 묻힌 선교사들이 다 전하지 못한 100년의 이야기』를 읽으면서, 하나님의 소명과 하나님의 역사로 이루어져온 대한민국의 근현대사에 한없는 감동을 받는다. 15세기 세종대왕의 애민정책으로 탄생한 한글이 교육 받을 기회조차 박탈당했던 이 나라의 상민과 천민들에게 예수님의 복음을 전하는 도구로서, 또한 지난 100여 년간 우리나라의 근대화, 산업화, 선진화를 이끌어 왔고 이제는 전 세계에 빛을 발하는 초일류국가 대한민국 건설의 핵심 역할을 인도하고 있다

한글을 바탕으로 세계 언어학자들이 문자가 없는 민족들에게 성경을 전할 수 있는 Uniscript(세계 모든 언어를 적을 수 있는 공용 알파벳)를 제정할 수 있었던 것은, 21세기 초일류국가로서 대한민국과 우리 국민이 하나님의 일을 할 수 있게 되는 중요한 사건이다. 하나님의 부르심에 응하여 하나님이 쓰시는 초일류국가 대한민국이 21세기에 감당할 사명인 것이다.

또한 암담하였던 우리나라에 복음을 전하면서 교육, 의료, 여성해방, 사회개혁, 언론 창달, 경제개발을 이룩하게 했던 20세기 한강의 기적은, 하나님의 사자로서 평생을 우

리나라에 받친 선교사들의 놀라운 믿음의 결과이다. 깊이 감사드린다.

주대준 장로는 하나님의 부르심과 하나님의 은총 및 하나님이 주신 사명을 충성을 다하여 수행하는 우리나라의 귀한 평신도 지도자요 신실한 일꾼입니다. 그리고 민족화합 기도를 지난 30여 년간 믿음의 형제자매들과 끊임없이 드려온 주 장로는 지난 10년간 '21세기 초일류국가 대한민국 건설'을 위하여 끊임없이 메시지를 전하며 젊은이들을 격려해 왔다. 나는 그동안 놀라운 하나님의 은혜를 체험해 왔지만, 주대준 장로와 같은 훌륭한 동역자와 같이 할 수 있었다는 것이 너무나 고마운 일이다.

우리나라에 와서 평생을 받친 선교사들의 놀라운 신앙과 헌신의 삶을 다시 한 번 새롭게 인식하면서 이 귀한 책이 우리나라의 예수 제자들을 깨우치고, 격려해주며 많은 사람들에게 '빛'이 될 줄로 확신하고 감사드린다.

한국 교회 성도와 이 시대 젊은이들이 반드시 읽고, 스스로의 믿음 생활을 통하여 하나님께 영광을 드리게 되길 간곡히 기도드린다.

정근모 세계직장선교연합회 총재, KAIST 석좌교수, 전 과학기술부 장관

100년 전, 자신의 생명을 아끼지 않고 이 땅에 하나님의 존재를 알린 선교사들이 있었습니다. 이 책을 통해 주님을 따라 순교까지 각오하며 펼친 그들의 고귀한 선교 활동에 대한 숨겨졌던 이야기를 자세히 알게 되었고 깊은 감명을 받았습니다.

이 책이 한국 교회 청소년들과 성도들에게 한국 기독교의 뿌리를 이해하고 하나님의 복음을 전파하고자 하는 부흥의 도화선이 되길 기대합니다. 더 나아가 대한민국이 세계 방방곡곡 복음의 불모지에 하나님의 말씀을 전하는 선교 강국이 되길 소망합니다. 이러한 소중한 자료를 수집해서 책으로 출판한 주대준 장로님께 감사를 드립니다.

이봉관 서희건설 회장

이 땅에 묻힌
선교사들이 다 전하지 못한
100년의 이야기

이 땅에 묻힌 선교사들이 다 전하지 못한

100년의 이야기

발행일 2019년 3월 20일 초판 1쇄

지은이 주대준
그린이 최성국
발행인 김규숙
발행처 마음과생각

주소 서울시 서대문구 통일로48가길 37
전화 02)723-5732
팩스 (02)773-5685
이메일 josephjoo@cts.tv
등록 2015년 9월 9일 제312-25100-2015-000063호

ISBN 979-11-956222-2-1 03230

주대준 장로가 '한국 교회 목회자와 성도님께' 전하는

이 땅에 묻힌
선교사들이
다 전하지 못한

100년의
이야기

주대준 지음

도서출판
마음과생각

서문

총기 있게 반짝이는 눈빛을 가진 주대준 장로님을 만난 것은 나의 기쁨이었습니다. 그리고 CTS인터내셔널 회장으로서, 전 세계로 파송된 선교사를 돕기 위해 불철주야 마음을 드리는 열정에 감동했습니다.

유년 시절 미국 선교사와 후견인의 도움으로 수학한 주 장로님은 받은 은혜와 사랑을 기억하고 갚고자 애쓰는 분입니다. 그는 기독교 역사가 키워낸 사람, 황량하고 척박하던 조선에 복음의 씨앗이 뿌린 열매의 사람입니다.

복음은 대한민국에 기적과 같은 변화를 가져왔습니다. 조선 후기, 일제강점기, 광복과 전쟁, 산업화와 민주화에 이르기까지 근현대사 발전의 근간은 기독교와 선교사들의 활동이었습니다. 대한민국은 기독교를 중심으로 발전했습니다.

그런데 언젠가부터 역사 교과서에서 기독교와 선교사의 업적은 점점 묻히고 자라나는 우리 아이들에게 대한민국에 뿌려진 복음과 계몽의 역사를 전해줄 길도 막막해졌습니다. 교회의 일천만 성도들도 기독교가 우리 사회 전반에 걸쳐 심고 거둔 열매들이 무엇인지 상세히 알기 어려운 때가 되었습니다.

저는 주대준 장로님이 성민청소년복지학교에서 강의하는 것을 듣고, 역사를 책으로 편찬할 수 있는 분이라는 강한 확신이 들었습니다.

그는 흙에 덮인 진주를 찾아내는 지혜를 가졌습니다. 솔바람에도 반응하는 나뭇잎처럼 작은 소리에도 귀 기울이는 진지함이 있어 더욱 사랑합니다. 흐르는 물에 소금을 붓는 것보다 장로님이 가진 사상과 지혜를 책에 담아내야 한다고 했던 말을 귀 담아 듣고, 책을 펴내는 것을 참 귀하게 생각합니다.

뜨거운 여름날, 저와 주대준 장로님, 고영래, 김성원 집사님은 하나님을 사랑하고, 나라를 사랑하는 마음으로 이 책의 방향을 논의했습니다. 주 장로님은 건축자가 버린 돌이 모퉁이의 머릿돌이 되게 하는 하나님의 간섭이 있음을 알고, 이 땅에 임한 하나님의 역사를 정리하기로 뜻을 정했습니다.

이 책은 암담했던 조선의 민족의식을 깨우치고, 나라와 백성의 삶 전체를 변화시킨 복음의 역사를 사실에 입각해 잘 정리했습니다. 그리고 이 책은 땅 밑 깊이 흐르는 암반수를 끌어올려 편견에 사로잡히고, 바른 역사관에 목말라 있는 이들에게 생수를 공급합니다. 건전하고 바른 지식으로 쓰여 많은 사람의 마음을 시원하게 하고 행복을 전해줍니다. 혼돈스러운 세상에서 어떤 것이 옳은 것인지 분별하지 못하고, 기독교와 그 사역을 이해하지 못했던 사람들에게 바른 시각을 제시해줍니다.

우리 대한민국은 역사 속에 하나님의 은혜가 임한 기념비를 세워야 합니다. 역사를 잊은 민족은 미래가 없다는 단재 신채호 선생의 말처럼, 우리 후손들을 위해 때를 놓치지 말고 계속 바른 역사를 전해야 미래가 있습니다.

하나님이 끝까지 붙들고 쓰시는 나라가 되기 위해 우리는 이 사랑의 역사를 후대까지 대대로 전할 사명을 받았습니다. 주대준 장로님이 집필하신 이 책이 요단강 바닥의 돌들로 기념비를 세운 기적의 현장을 소개하게 될 것입니다. 복음의 거룩성과 야성이 3·1운동, 대한민국의 건국 등 역사적 사건을 이끌었던 것처럼 이제는 복음의 역사가 무신론자들의 이론을 배격하고 진리의 횃불을 들도록 할 것입니다.

자라나는 아이들이 이 책을 읽고, 민주주의와 초일류국가를 이룩한 민족의 뿌리가 어디에서 왔는지 선명히 깨우칠 것을 기대합니다. 그들이 하나님의 역사와 은혜를 아는 사람이 되어 더 많은 사랑과 감사를 베푸는 역사가 넘쳐날 것을 믿습니다.

우리는 대한민국이 역사에 깃든 복음의 흔적과 정신을 살려 하나님이 이끄신 나라가 복음 통일되는 그날까지 함께 끊임없이 기도합시다.

책이 출간될 수 있도록 해주신 하나님께 모든 영광을 돌리며, 책을 집필하신 주대준 장로님, 수고해주신 모든 관계자와 교수님들께 감사하고 노고를 칭찬합니다.

이 책을 시작으로 더 깊이 묻혀있는 국사가 어둔 흙더미를 밀고나오는 새싹처럼 돋아나기를 소원합니다.

2019년 3월 어느 날

권태진

군포제일교회 담임목사,

한국교회연합 대표회장

감수자의 말

　기독교가 이 땅에 들어온 다음 우리나라는 세계 문명을 알게 되었고, 민주주의를 경험하고, 그래서 자랑스러운 오늘의 대한민국을 만들었다. 그러나 한국 사회는 이런 사실을 제대로 알지 못하고 있다. 주대준 장로님은 이런 현실을 안타깝게 생각하고, 이 책을 통하여 선교사님들이 한국 땅에 와서 어떻게 한국 사회에 기여했는가를 평신도들이 이해할 수 있도록 재미있게 설명하였다.

　주대준 장로님은 이 책의 서문에서 자신이 어떻게 하나님의 은혜로 오늘에 이르렀는지를 설명하고 있다. 많은 사람들이 자신들이 받은 은혜를 잊어버리기 쉬운데, 주 장로님은 자신의 인생 가운데서 가장 어려웠던 시절에 하나님이 어떻게 자신을 도와주셨는가를 주저 없이 간증하고 있다. 가난하고, 멸시받던 이 민족을 하나님이 인도하신 것처럼, 의지할 곳 없던 어린 주대준을 하나님이 인도해 주셔서 한국 사회와 교회의 지도자로 우뚝 세워주신 것이다.

이 책은 하나님께서 선교사님들을 통해서 이 땅에 어떤 은혜를 베풀어주셨는가를 이야기 형식으로 잘 설명하고 있다. 많은 사람들이 오늘의 시대를 내러티브(이야기)의 시대라고 한다. 기독교는 죄인을 위해서 십자가에서 죽으신 하나님의 사랑 이야기에 근거하고 있다. 하지만 이 사랑의 이야기는 여기에서 끝나지 않는다. 그 이야기는 기독교의 복음이 들어가는 곳 마다 반복되고 있다. 이 책은 하나님의 사랑이 선교사님들을 통하여 한국 땅에 어떻게 반복되고 있는가를 보여주고 있다.

한국 기독교의 역사는 수많은 하나님의 사랑 이야기를 갖고 있다. 이것을 선교사들은 감추인 보배라고 했다. 그렇다. 그런데 보배는 보배인데, 아직 감추어 있다. 이것을 주대준 장로님이 들어내서 한국 교회와 사회에 알린 것이다. 앞으로도 이런 작업은 계속되어야 할 것이다.

전 근대 시대에 한국 사회는 유교와 불교를 통해서 대륙의 문명을 배웠다. 그러나 근대사회에 들어와서는 기독교를 통하여 유럽의 문명을 받아들였다. 대한민국을 오늘의 세계적인 국가로 만든 것은 한국이 기독교를 통하여 서구문명을 받아들여 이것을 새롭게 발전시켰기 때문이다. 이 책은 기독교가 들어오는 과정에서 생겨난 아름다운 이야기를 10장에 걸쳐 소개하고 있다. 그것은 한글의 재발견, 차별제도의 철폐, 여성해방, 나환자 치료, 서양 의술의 도입, 결핵 퇴치, 언론의 활동, 근대 교육, 독립운동, 그리고 새로운 과일의 등장

등이다. 이 중에 이미 알려진 것도 있지만 일반인들에게 거의 알려지지 않은 것들도 있다. 아마도 사과와 딸기가 선교사님들을 통해서 들어왔다는 것을 아는 사람은 거의 없을 것이다.

이 책은 전문적인 역사가가 쓴 학술서적이 아니다. 하지만 이 책은 객관적인 자료에 근거하고, 저자의 신앙적인 해석을 덧붙인 일반 신자들을 위한 신앙교양서적이다. 한국 교회사를 학문이라는 아카데미즘에서 해방시켜서 우리 매일의 삶에서 경험할 수 있도록 만든 것도 이 책의 중요한 공헌이라고 할 수 있다.

현재 한국 사회에는 반기독교정서가 강하게 지배하고 있다. 이럴 때, 한국 교회는 하나님이 기독교를 통하여 이 민족에게 어떤 일을 행하셨는지를 한국 교회와 사회에 알려야 한다. 주대준 장로님이 이 일을 시작하신 것이다. 이제 한국 교회가 보다 적극적으로 나서서 이런 일을 계속해야 할 것이다.

박명수

서울신학대학교 신학과 교수,

현대기독교역사연구소 소장

"만약 내게 줄 수 있는 천 개의 생명의 있다면,
나는 천 개의 생명을 모두 조선을 위해 바치겠습니다."

루비 켄드릭^{Ruby Rachel Kendrik}

프롤로그

무엇이 은둔의 나라 조선을
21세기 초일류국가로 바꾸었는가?

　우선 역사 전문가도 아닌 제가 감히 이 책을 내놓게 된 데는 몇 가지 이유가 있습니다. 저는 초등학교 시절 부모를 여의고 미국 선교사가 설립한 고아원에서 생활하며 중학교를 다녔습니다. 당시는 부모가 있는 집안에서조차도 제법 여유 있는 가정의 자녀들만이 중학교에 진학할 수 있던 시절이었습니다. 천만다행으로 고향인 산청군 단성면에 유일한 고아원이 있어, 저는 거기서 생활하며 중학교를 다닐 수 있었습니다. 당시 고아원에서는 미국의 크리스천 후원자와 결연을 맺어 중학교까지는 공부할 수 있는 기회를 주었습니다.

　저는 중학교를 졸업한 후에 대구에서 고학으로 야간 고등학교를 졸업했습니다. 그리고 육군 전산 장교를 거쳐 청와대전산실 창설팀장으로 청와대 근무를 시작하여 다섯 분의 대통령을 모시며 20여 년간 근무했습니다. 이후 카이스트 교수와 부총장을 거쳐 대학교 총장까지 할 수 있었던 것도, 고아원에서 중학교에 다닐 수 있는 기회를 얻었기 때문에 가능한 일이었습니다. 당시 가난 때문에 중학교 진학을 하지 못한 많은 친구들은 평생 지리산 자락을 벗어나지 못하고, 고향에서 농사를 짓거나 아니면 진주, 마산, 부산 등 도시로 진출해 취업을 하거나 행상을 하며 살았습니다.

제가 중학교 과정을 공부할 수 있도록 고아원을 설립한 미국 선교사들과 학비와 고아원 운영비를 후원해준 얼굴도 모르는 미국 후원자들에게 저는 평생 사랑의 빚을 지고 살고 있습니다.

선교사가 설립한 고아원에서 성장한 소년이
'열방의 선교사' 돕기에 올인

공직생활을 시작하면서부터 유니세프, 월드비전, 컴패션 등 NGO 단체의 후원자가 된 것도 어쩌면 당연한 일이었습니다. 공직을 퇴직한 후에도 계속 월드비전 이사로 섬기면서 탄자니아, 에티오피아 등 해외 봉사활동을 다녔습니다.

현재 제가 근무하고 있는 'CTS인터내셔널'은 한국 교회가 파송한 2만 8천여 명의 선교사 중에서 미자립 선교사를 돕기 위해 'CTS 기독교TV'가 설립한 NGO 기관입니다.

21세기 최첨단 시대에 비행기를 타고 편안하게 선교 봉사활동을 다니면서, 130여 년 전 거친 파도와 풍랑을 헤치며 수개월이 넘는 목숨을 건 항해 끝에 조선 땅에 도착했을 선교사들을 생각하며 송구스러움과 고마운 마음이 뜨겁게 교차하곤 했습니다. 그리고 습관처럼 선교사들의 무덤이 있는 양화진을 드나들며, 한 분 한 분의 선교 행적을 되새기며 세심하게 확인하였습니다. 그렇게 해서 제가 내린 결론은, 130여 년 전 꿈도 희망도 없고 한 치 앞도 내다볼 수 없었던 척박한 조선 땅을 밟은 선교사들은 '**하나님의 영에 감동되어 하늘로부터 파송 받은 천사**'였다는 것입니다.

당시 복음을 전하는 선교사를 '서양 귀신'이라며 조선 땅에 발도 못 붙이게 하고 죽였는데, '조선에 선교사로 가겠다'고 결심하는 것 자체가 인간의 이성과 지성으로는 도저히 있을 수가 없는 일이었습니다. 성령 하나님께서 선교사 한 분 한 분의 마음에 임하셔서 하늘나라 대사로 특별 미션을 주셨고 그분들은 죽기를 각오하고 순교자의 정신으로 그 부르심에 순종했던 것입니다.

엘리트로 촉망받던 청년들이 자기 나라에서 좋은 일자리와 최고 조건의 대우를 거절하고 복음의 불모지였던 조선 땅에서 생명을 버리고 순교하면서까지 복음을 전했습니다. 또한 학당을 세워 가르치고, 병든 사람들을 치료하며 복지, 문화, 언론, 사상 등 전 분야에 걸쳐 신문물로 조선 사회를 개화시켜 나갔습니다.

저는 그분들이 다 전하지 못한 채, 지난 100년 동안 묻혀 있던 이야기들을 들추어내어, 어떻게 한국 교회 성도님들께 전해드릴 수 있을까를 고심했습니다.

대한민국은 기독교정신을 근간으로 세워진 국가이다

조선 후반부터 일제강점기를 거쳐 광복과 전쟁, 그리고 산업화와 민주화에 이르는 근현대사에서 기독교와 선교사들의 업적은 우리 역사의 주류였습니다. 즉, 기독교정신이 오늘날 '초일류국가 대한민국' 건국의 근간이 되었습니다.

기독교와 선교사들의 활동을 빼고는 대한민국 근현대사를 논할 수가 없다는 것을 역사가 증명하고 있습니다. 하지만 대한민국이 발전해온 근현대사에서 결코 간과할 수 없는 기독교의 전래과정과 선교사들의 업적 및 활동상이 우리나라의 역사 교과서에는 제대로 소개되지 못하고 있는 현실입니다.

지난날 우리 조상들은 민족의 운명을 스스로 결정할 권리도 상실한 채, 강대국의 틈바구니에서 생존을 위해 몸부림쳐야 했습니다. 더군다나 유교, 불교, 도교, 샤머니즘이 혼합된 기복신앙에 얽매여 현실을 제대로 분별하지 못했습니다. 단지 변화가 불러올 기득권 상실만을 두려워하며 쇄국정책을 취하다가 일제 식민지로 전락하여 민족 자체가 말살될 풍전등화의 위기를 자초했습니다.

그러나 이런 우리 민족을 하나님께서는 결코 포기하지 않으셨습니다. 마침내 하나님의 때가 이르자, 위기의 조선을 구하기 위해 천사(선교사)들을 한반도에 파송하셨던 것입니다.

이 책을 쓰게 된 두 번째 이유는, 저는 30여 년 전, 청와대 근무를 시작하면서 '청와대 기독신우회'를 창립하였고, 이후 전국 2천 곳이 넘는 교회를 다니면서 청소년과 성도들을 대상으로 한 특강과 간증집회에 초대를 받았습니다. 그러면서 숱하게 들었던 얘기는 오늘날 한국 교회 청소년들과 성도들이 우리나라에 복음이 전해진 유래에서부터, 우리나라가 선교강국 반열에 오르기까지의 '기독교 전래과정과 선교사 활동'에 대해 알고 싶어도 평신도를 대상으로 발간된 책이 없다는 것이었습니다.

하나님의 섭리로 이 땅에 복음의 씨앗이 뿌려져 그 복음이 오늘날 '초일류 국가 대한민국'으로 발전하는 원동력이 되었는데, 우리 역사 교과서에는 이러한 내용을 소개하던 것조차 자취를 감추고 이제 우리들의 기억 속에서도 가물가물해져가고 있어, 제대로 알려야겠다는 사명감이 생겼습니다.

이 책은 신학교에서 신학생을 가르치는 역사책이 아닌, 일반 성도님이나 청소년들에게 좀 더 쉽게 전해 주고 싶어서 각 장마다 핵심내용을 삽화로 그려 넣었습니다. 그리고 이 땅에 묻혀 있는 선교사들의 행적을 다시 발굴하고 엮어서 초등학생부터 성도님들 누구나 쉽게 읽을 수 있는 이야기로 전해 주고 싶었습니다.

복음은 영혼구원을 초월,
한국인의 의식과 틀을 개조시켜 독립을 쟁취했다

성경과 교회사에서 듣고 보았던 것처럼 복음의 권능은 한 인간의 영혼 구원만이 아니라 한 민족의 의식을 바꾸고, 한 국가의 틀을 개조시켰습니다. 조선도 마찬가지입니다. 복음을 받아들인 초창기 조선의 크리스천들은 죽음도 두려워하지 않은 채 복음을 전했습니다. 그리고 뜨거운 애국애족 정신으로 무장했습니다. 그들은 성경 말씀을 삶 속에서 실천했습니다. 약한 자와 가난한 자, 눌린 자를 예수

사랑으로 껴안았습니다. 신분 차별을 철폐하고, 공의와 정의를 실천했습니다. 희생정신으로 무장한 애국 청년들과 독립투사의 상당수가 교회를 거쳐 갔거나 크리스천들이었던 원동력이 바로 '복음의 능력'이었습니다.

당시 조선 인구의 1-2%에 불과했던 크리스천들이 독립선언 33인 중 16명이나 되어 3·1운동을 주도했습니다. 이들이 독립운동과 대한민국 근현대사를 이끌고 만든 핵심이 되었습니다.

이 책을 쓰면서, 우리 대한민국은 하나님께서 철저하게 보호하고 관리하시는 나라임을 다시 한번 뜨겁게 느낄 수 있었습니다. 우리나라는 민족 말살을 시도하는 일제의 억압 속에서도 기적같이 해방이 되었습니다. 동족상잔의 비극과 남북 분단의 아픔을 겪고 있는 우리나라가 역설적이게도 오늘날 초일류국가로 발돋움하고 있습니다. 이는 한두 사람의 탁월한 지도자 때문도 아니고, 우리 국민이 근면 성실하고 지혜롭다고 해서 이룰 수 있는 일이 결코 아닙니다. 여기엔 인간의 능력을 초월하시는 큰손, 곧 하나님의 섭리와 하나님의 기적이 있었기에 가능했다고 저는 확신합니다. 그냥 기적이란 말로도 표현할 수 없는 기적 같은 기적의 연속이었다고 저는 믿습니다.

그리고 거기엔 유명, 무명의 숱한 선교사들의 기도와 헌신이 거름이 되어 주었습니다. 조선 땅에 발을 디딘 지 불과 1년도 안 돼 급성맹장염으로 죽었던 루비 켄드릭Ruby Rachel Kendrik, 1883-1908. 그녀는 25세의 꽃다운 나이에 선교사로서 별 성과도 없이 눈을 감아야 했지만 **"만약 내게 줄 수 있는 천 개의 생명의 있다면 나는 천 개의 생명을**

모두 조선을 위해 바치겠습니다"라는 유명한 묘비명을 남겼습니다.

자신의 목숨을 버리면서까지 이 땅을 사랑했던 선교사들의 뜨거운 사랑과 헌신, 그리고 그들의 믿음과 기도가 하나님께서 기적을 베푸신 배후라고, 저는 감히 말씀드립니다. 오늘날 이름 없이 빛도 없이 자신이 처한 곳에서 이 땅을 위해 기도하고 헌신하는 많은 크리스천들 또한 하나님 기적의 원천이라고 할 수 있을 것입니다.

초일류국가 대한민국은 하나님께서 쓰시는 나라이다

저는 우리나라가 21세기에 초일류국가가 될 것이라고 확신합니다. 초일류국가, 그것은 하나님께서 쓰시는 나라입니다. 세계적 역사학자인 폴 케네디Paul M. Kennedy는 10여 년 전 동경대 특강에서, '21세기를 주도할 국가'는 청교도 정신을 잃어버린 미국도 아니요, 일본, 중국도 아닌 대한민국이 될 것이라 예견했습니다. 세계적 금융기관인 골드만삭스도 2040년 이후 통일 한국이 일본, 독일을 능가하는 세계 최고의 국가가 될 거라고 예측했습니다.

전 세계 각국 지도자들의 신앙 멘토로 추앙받았던 미국의 영적 지도자요, 세계 국가조찬기도회 창시자인 고 더글러스 코Douglas Evans Coe 박사님과 열방대학교 창립자인 로렌 커닝엄Loren Cunningham 목사님은 일찍이 '대한민국은 21세기에 하나님께서 쓰시는 초일류국가'가 될 것이라고 예언한 바 있습니다. 저는 이러한 예측과 예언은 그냥 나온 것이 아니라고 생각합니다. 그것은 한반도에 하나님의 때가 이르고 있음을 알려주시는 하나님의 메시지라고 저는 확신합니다.

천만 한국 교회 성도님들은 복음의 권능으로 충만하여 대한민국을 하나님께 쓰임 받는 초일류국가의 기틀을 마련하고 준비해야 할 사명과 책임이 있습니다. 인류 역사에서 영원히 소멸할 수밖에 없었던 조선을 21세기 초일류국가로 쓰시기 위한 하나님의 비밀스러운 계획과 섭리를 한국 교회 성도님들과 나누기 위해, 저는 지난 3년여 동안 틈틈이 자료수집과 고증을 거쳐 이 책을 내놓게 되었습니다. 이 책이 발간되기까지 방향을 제시해 주신 권태진 한국교회연합 대표회장 목사님과 30여 년 전 청와대기독선교회 창립 시부터 영적 지도와 헌신적으로 도와주신 소강석 목사님과 저의 신앙의 멘토(스승)이신 정근모 장로님께 깊이 감사드립니다.

이 책에서 미처 다루지 못한, 이 땅에 뼈를 묻은 수많은 선교사님들의 감동적인 이야기는 '선교사 인물 중심'으로 자세하게 분석, 정리하여 두 번째 책에서 소개하겠습니다. 이 책을 읽는 독자 모두가 대한민국을 선도하는 '퍼스트 무버(first mover)'로, 예수 생명과 사랑을 지닌 '선교 사명자'로 우뚝 설 수 있기를 기도드립니다.

저자 주대준 장로

차례

선교사가 설립한 고아원에서 성장한 소년이 '열방의 선교사' 돕기에 올인 / 대한민국은
기독교정신을 근간으로 세워진 국가이다 / 복음은 영혼구원을 초월, 한국인의 의식과 틀
을 개조시켜 독립을 쟁취했다 / 초일류국가 대한민국은 하나님께서 쓰시는 나라이다

조선 후기, 한글이 빛을 보다 / 귀츨라프 선교사에 의해 한문 성경이 전해지다 / 복음이
들어오기 전, 주체성 없던 조선 왕실 / 복음과 민중, 그리고 한글 번역 / 한국을 사랑하고
한글을 자랑한 게일 선교사 / 한글을 지킨 조선의 기독인들

백정, 가장 차별받는 사람들 / 백정 박성춘의 유일한 꿈, '자식의 출세' / 박성춘, 무어·
에비슨 선교사를 만나다 / 복음이 박성춘을 통째로 바꿔놓다 / 백정 아들, 세브란스 최초
의 의사가 되다 / 복음으로 시작된 '차별 철폐', 전국으로 번지다

선교사들의 눈에 비친 조선 / 조선에서 여성은? / 선교사들, 축첩제도에 메스를 들이대다
/ 최초의 여성 의사이자 최초의 여성 과학자 '김점동' / 김세지, 여성 사회참여의 길을 열다
/ 기독교 평등사상이 여성 차별 풍습을 철폐하다

01

복음,
한글 옷을 입고
찾아오다

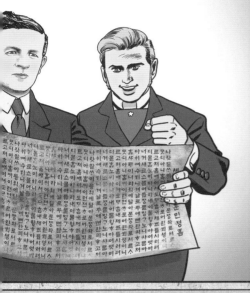

할렐루야~ 이 한글로 성경을 번역합시다

이놈아 자존심 없이 평안도 말로 쓰인 책을 보냐 남자란 게 섰다 죽어도 이 애비 절반만큼만 자존심 강해라

890년 '신약마가전복음셔언해'를 수정 완성한데 이어 1900년 5월오늘 '신약전서'를 조선글로 번역 완성하였습니다. 주님이 하셨습니다

조선 후기, 한글이 빛을 보다

국가의 위기는 국민의 각성을 부르는 것인가 봅니다. 나라와 민족이 절체절명의 위기에 처했을 때마다 국민들이 들고일어났던 역사적 사건들이 그걸 증명합니다. 1592년에 발발한 임진왜란 때는 전국 각지에서 헤아릴 수 없이 많은 의병들이 봉기했고, 일제강점기 시절인 1919년에는 일본의 식민 정책에 항거하여 백성들이 전국적으로 들고일어난 민족해방운동(3·1운동)이 그러했습니다. 가깝게는 1997년에 발생한 IMF 외환위기 때 국민들이 자발적으로 참여한 '금 모으기 운동'을 들 수 있습니다. 전국 누계 351만여 명이 참여한 이 운동으로 약 227톤의 금이 모였고, 이는 국가부도 위기 극복의 단초가 되었습니다.

5백 년을 이어 온 조선 왕조가 쇠망해 가던 19세기 중후반기, 조선은 또다시 어찌해볼 도리가 없는 외우내환의 위기에 맞게 됩니다. 19세기 중반부터 조선의 연해에 서양의 선박들이 자주 출몰하면서 통상 교역을 요구하기 시작한 것입니다. 그때마다 조선은 문호를 개방하지 않고 빗장을 꼭꼭 걸어 잠갔고, 근대 과학기술로 무장한 서양 대국들은 다시 군함을 몰고 와서 더욱더 강하게 개항을 요구하며 압박을 가했습니다.

가뜩이나 가난과 전염병에 시달리던 조선의 민심은 이러한 낯설고 어수선한 정국 속에서 더욱 요동칠 수밖에 없었고, 왕조에 대한 백성들의 경외심과 신뢰는 점점 사라져갔습니다. 마침내 조선은 정치, 경제, 사회, 문화 등 모든 분야에서 근본적인 개혁이 불가피한 상황에 이르렀고, 그것은 백성들의 근대 의식의 각성으로 이어졌습니다. 백성들은 아버지 같았던 '나라님' 말씀을 그저 믿고 따르면 되었습니다. 그것이 순리이고 천리였으니까요. 굳이 지체 높은 양반이 아닌 이상 글자도 알 필요 없었습니다. 자신에게 맡겨진 일, 자신이 속한 곳을 그저 운명처럼 받아들이고 묵묵히 감당하면 그것으로 백성 된 도리를 다하는 것이었습니다.

그러나 내·외부에서 터져 나오는 변화를 갈망하는 욕구는 이제 어느 누구도 거스를 수 없는 큰 흐름이 되어 있었습니다. 이미 백성들 사이에서 근대 의식의 각성이 일어나고 있었기 때문입니다. 백성들의 각성은 곧 언어를 통한 교육으로 가능했는데요, 여기에는 오랫동안 잠자고 있던 한글의 우수성이 큰 기여를 했습니다. 그리고 한글의 재발견과 발전에 크게 공헌한 사람들이 있었는데, 바로 이 땅에 복음을 전파한 선교사들이었습니다.

먼저 개신교보다 앞서 조선에 들어왔던 천주교가 한글 발전에 기여를 했습니다. 정약종의 『십계명가(十誡命歌)』[1]는 우리나라 최초의 한글로 된 천주가사로, 이승훈의 문집 『만천유고(蔓川遺稿)』[2]에 수록되어 있습니다. 이외에 정약종의 한글 교리서인 『주교요지(主教要旨)』[3]도 1790년대 말에 간행되어 한글 보급에 기여합니다. 이때에는 한글 번역 성경이 없던 시기였으므로 천주교의 전래 초기에 성경의 주요 내용을 한글로 처음 전했다는 점에서 중요한 의미를 갖습니다. 한글 번역 성경으로 이어지는 교두보 역할을 하게 된 셈이죠.

조선 왕조의 쇠락과 천주교를 필두로 한 서교(西敎)·서학(西學)에 맞선 동학(東學)은 창시자인 최제우(崔濟愚)가 1863년 동학의 기본 경전인 『용담유사(龍潭遺詞)』[4]를 순 한글로 펴내며 한글 보급을 꾀합니다. 이때부터 한문 일색이던 정부 문서나 신문, 잡지 등의 언론 매체에서도 한글과 한자를 같이 쓰는 국한문 혼용체를 선보이기 시작했습니다. 1886년에 창간된 「한성주보」를 비롯하여, 1894년 갑오개혁 이후의 정부 문서와 관보가 그랬습니다. 갑오개혁 직후인 1895년에 간행된 개화기 국어 교과서 『국민소학독본(國民小學讀本)』[5]도 역시 국한문 혼용체를 사용했습니다. 1896년에 창간된 「독립신

---

1   1799년(정조 3) 정약전(丁若銓), 권상학(權相學), 이총억(李寵億) 등 3인이 합작한 천주가사(天主歌辭).
2   한국 천주교회 창설자 이승훈(李承薰)과 그의 동료들이 남긴 글들을 편집한 책.
3   조선 후기의 학자이자 천주교 순교자인 정약종(丁若鍾)이 지은 천주교 교리 해설서.
4   조선 후기에 최제우가 지은 포교 가사집.
5   1895년 학부(學部)에서 편찬한 우리나라 최초의 관찬(官撰) 국어 교과서.

문」은 아예 순 한글로 발행됐습니다. 그리고 상술한 바와 같이, 한글에 대한 깊이 있는 연구와 폭발적인 확산은 아이러니하게도 서양 선교사들로부터 시작됐습니다.

귀츨라프 선교사에 의해 한문 성경이 전해지다

우리나라에 처음 전해진 성경은 한글로 번역된 성경이 아니라 한문 성경이었습니다. 우리가 현재 읽고 있는 한글 성경의 기원이 바로 한문 성경이라고 알려져 있는데요, 영어 성경을 최초로 한문으로 번역한 이는 영국 런던 선교회에서 중국에 파견한 최초의 개신교 선교사 로버트 모리슨^{Robert Morrison, 1782-1834}입니다. 우리에게 익숙한 표현인 '천국', '복음', '사도' 등의 말은 모리슨이 처음 한자로 만들어 나타낸 것입니다. 성경을 처음 번역하는 일은 한자 세계에 없는 성경적 용어도 새롭게 만들어야 하는 매우 고된 작업일 수밖에 없었을 것입니다.

아무튼 모리슨은 영국 성서공회의 도움으로 1813년 신약성경을 한자로 번역했고, 1818년엔 구약성경 번역을 완성합니다. 그리고 이 한문 성경을 조선에 전한 이가 영국 군함 로드 암허스트호^{Lord Amherst}를 타고 서해안을 탐사한 독일 출신 선교사 귀츨라프입니다. 그는 1832년 7월 조선의 해안을 측량할 목적으로 황해도 서해안 최북단의 섬인 백령도와 대·소청도에 정박했고, 그때 주민들에게 한문 성경을 건네줍니다.

　그 후 귀츨라프 선교사 일행은 서해안을 항해하면서 7월 25일 충남 보령시 오천면에 소재한 고대도(古代島)에 정박하였습니다. 그들은 충청도 홍주(洪州) 목사 이민회(李敏會) 등의 관리들을 만나 외국인으로는 처음으로 조선 국왕에게 정식으로 통상을 청원하는 서한과 한문 성경을 비롯한 26종의 책자와 망원경 등 많은 선물을 순조 임금에게 진상하도록 전달하였습니다. 그리고 조정의 회답을 기다리는 동안 고대도에 20일 동안 머물면서 주민들에게 한문 성경과 전도문서와 서적 및 약품을 나눠주고, 감자를 심어주고 감자와 포도 재배법을 가르쳐 주었습니다. 특히 주기도문을 한글로 번역하여 주민들에게 가르쳐 주었고, 한글 자모를 받아 적은 다음 후에 이를 세계에 알리기도 하였습니다.

　이는 시기적으로 보아 토마스 선교사가 제너럴셔먼호를 타고 평양을 왔던 1866년보다 34년이 앞선 일이었습니다.

복음이 들어오기 전, 주체성 없던 조선 왕실

　아래는 조정의 회답을 기다리는 동안 귀츨라프가 쓴 일기문의 일부입니다.

　"조선의 국왕이 처음에는 거절하였겠지만, 성경 한 권을 받았을 것이라고 한다. 그런데 그가 지금 성경을 읽고 있는지 나는 알 수 없다. 그러나 고대도와 관련된 모든 관리들과 많은 주민들은 성경을 받았다. 성경은 하나님께서 비록 시작은 미약하나 후에 축복해주신다는 사실을 믿으라고 우리에게 가르친다. 조선을 위하여 좋은 날들이 밝아오기를 희망할 뿐이다."

그러나 조선 조정에서 보낸 회답은 "우리 형제국(청나라)에서 통상을 원치 않으니 통상을 할 수 없다"는 것이었습니다. 이처럼 복음이 조선 땅에 들어오기 전에 조선은 강대국에 종속되어 외국과의 통상조차 독자적으로 결정하지 못하는 주체성 없는 속국에 불과했습니다.

한국 땅 최초의 선교 사역을 마치고 떠나기 전, 귀츨라프 선교사는 아래와 같은 기도문(글)도 남겼습니다.

"이 모든 일은 내가 늘 기도로 하나님의 은혜로운 섭리를 간구한 결과 이뤄진 하나님의 역사이다. 조선에 파종된 하나님의 진리(복음)는 사라져 버릴 것인가? 나는 그렇지 않다고 믿는다. 머잖아 주님께서 예정하신 때가 되면 많은 결실이 있을 것이다. 전능하신 하나님께서는 쇄국정책을 제거하시고 우리로 하여금 이 약속된 땅에 들어가도록 허락할 것이다."

귀츨라프 선교사의 기도 응답은 놀랍게도 34년 후인 1866년 토마스 선교사를 통해 이루어졌습니다. 제너럴셔먼호를 타고 평양, 대동강변에 정박한 토마스 선교사는 26세의 꽃다운 나이에 제대로 복음 한번 전하지도 못하고, 조선 병사의 칼에 찔려 죽어가는 순간에 그 병사에게 던져준 한문 성경으로 복음이 전해졌습니다.

토마스 선교사를 죽인 조선 병사 박춘권은 "내가 그를 찌르려고 할 때, 그는 두 손을 마주잡고 무슨 말을 한 후 붉은 베를 입힌 책을 가지고 웃으면서 받으라고 권하였다. 내가 그를 죽이기는 하였으나 이 책을 받지 않을 수가 없어서 받아 왔노라"라고 했답니다. 소년 최치량은 그 3권의 성경을 주웠다가 영문주사였던 박영식에게 건넸습니다. 박영식은 이 성경을 가져와 찢어 벽지로 사용했습니다. 오랜 후 최치량은 사업에 성공하여 이 집을 사서 여관으로 사용했는데, 이 벽지로 사용된 성경을 읽고 또 한석진의 전도로 회심하여 평양에서 최초로 새뮤얼 모펫 _{Samuel A. Moffet, 1864-1939, 한국명 마포삼열} 선교사에게 세례를 받고 평양지역 교회의 초석이 되었습니다. 나중에 이 여관은 '널다리골교회'가 되었습니다. 후에 이 교회는 '장대현교회'로 이름을 바꾸었습니다. 1907년 길선주 목사님이 평양 대부흥운동을 일으켰던 그 유명한 교회입니다. 또한 토마스 선교사를 죽였던 병사 박춘권은 안주교회 영수(장로)가 되었고, 여관집 주인 최치량은 평양의 초대 기독교인이 되었고 장로가 되었습니다. 사람이 아무리 잘 짜 맞춘 드라마라 할지라도 이런 역사가 일어날 수 없습니다.

이것은 절묘한 하나님의 작품이며 귀츨라프 선교사의 기도응답입니다. 토마스 선교사가 복음 한 마디 전하지 못하고 허무하게 죽은 것 같지만, 그의 순교로 조선의 영혼이 살아났고 복음이 전해졌

습니다. "순교자의 피는 교회의 초석이 된다"는 터툴리안 교부의
말처럼 토마스 선교사의 피는 한국교회의 초석이 되었습니다.

복음과 민중, 그리고 한글 번역

한문 성경이 한글로 번역된 것은 놀랍게도 비슷한 시기의 중국과
일본에서입니다. 즉, 이 땅에 복음으로 무장한 선교사들이 들어오
기 전에 한글 성경이 먼저 번역된 겁니다. 이 또한 하나님의 섭리가
아닐 수 없습니다.

먼저, 중국 만주에서는 영국 선교사 존 로스John Ross, 1842~1915가 스
코틀랜드 성서공회의 지원을 받고, 조선인 서상륜, 이응찬, 백홍준
등의 도움을 받아 1882년 최초 한글 성경인 『예수성교 누가복음
전서』를 발행합니다. 이어서 1887년에는 우리말 신약전서인 『예
수성교전서』를 합본하여 간행했는데요, 이것이 한글로 간행된 최
초의 성경입니다. 조선에 들어온 선교사들이 성서 번역을 체계적으
로 시작하여 『신약전서』를 간행한 해(1900년 5월)보다 13년 전의 일
이었습니다.

일본에서는 유학생 이수정이 미국 성서공회 일본지부 총무인 헨
리 루미스Henry Loomis, 1839~1920 목사의 권유로 먼저 한문 성경에 이두
로 토를 단 4복음서와 사도행전을 1884년에 발간합니다. 이후 이
를 바탕으로 1885년엔 최초의 국한문 성경인 『신약마가젼복음셔

언해』를 출간하였는데, 이 책이 언더우드와 아펜젤러가 일본을 경유하여 조선으로 들어올 때 가지고 온 성경입니다.

언더우드는 조선에 입국하기 직전 요코하마에 머물렀는데요, 거기서 루미스 목사의 소개로 이수정을 만납니다. 그녀는 일본 농학자 쓰다센^{津田仙, 1837-1908} 박사를 통해 이미 예수를 구주로 영접한 기독교인이었습니다.

그러나 위의 두 번역본에는 번역상의 한계가 있었습니다. 이 번역본의 경우, 평안도 사투리로 번역되다 보니 평안도 이외의 지역 사람들에게는 거부감이 들었던 것이죠. 이수정 번역본은 하나님을 '신(神)'이라고 표현해 '귀신'과 혼동을 주는 점 등이 논란이 되었습니다. 결국 성서 개역의 필요성을 느낀 언더우드는 1887년 2월 성서번역위원회를 조직했고, 본인이 위원장, 아펜젤러가 서기, 스크랜턴^{Mary Scranton, 1832-1909}과 헤론^{John W. Heron, 1856-1890} 선교사가 위원을 맡아 상기 두 번역본의 수정 작업에 착수하여 1890년에 모두 완료합니다.

그러나 수정본으로도 만족할 수 없었던 성서번역위원회는 국내에서 완전한 성경을 새로 번역하기로 결정합니다. 그 후, 많은 우여곡절을 거쳐 1892년에 완성된 『마태복음전』을 시작으로 1900년 5월에 신약성경 전부가 완역되었습니다. 이것이 국내에서 번역된 최초의 신약전서인 『신약전셔』입니다. 그런데 여기서 분명히 짚고 넘어가야 할 부분은 국내에서 한글 성경이 번역되는 과정에서 존 로스 번역본과 이수정 번역본이 중요한 모본이 되어 신약성경이 번역에 큰 역할을 했다는 점입니다.

이처럼 언더우드가 성서 개역 작업을 주도할 수 있었던 것은 그의 한글에 대한 남다른 열정 때문이었습니다. 1885년 4월, 서울에 도착한 언더우드는 두 달 뒤인 6월부터 천주교인 송순용을 어학 선생으로 채용하여 오로지 한국어 공부에 매진합니다. 송순용은 당시 가장 탁월한 어학 선생이란 평판을 얻을 만큼 명망 있는 사람이었습니다.

언더우드는 송순용의 도움으로 영한사전과 한국어 문법서를 만들었는데요, 그가 1890년 일본 요코하마에서 발간한 한국어 문법서인 『한영문법(韓英文法)』 서문을 보면, 다음과 같이 그에 대한 감사의 마음을 나타내고 있습니다.

"이 책은 내 어학 교사인 송순용 씨가 준비한 것으로 어느 누구보다 송순용에게 감사를 돌려야 할 것이다. 그의 토착 한글 언문 사용에 대한 철저한 지식과 더불어 현재 사용되는 한국어 구어에 대한 건전한 개념과 한문에 대한 정통한 실력은 귀중한 도움이 되었다."

그렇다고 해서 모든 공을 송순용에게만 돌릴 수는 없습니다. 언더우드는 기회가 있을 때마다 전도도 할 겸 지방으로 가서 현지인들과 직접 만나 대화를 나누면서 조선 민초들의 삶 속에 녹아 있는 살아있는 입말을 익혔습니다.

언더우드는 1887년부터 1889년까지 매년 3차에 걸친 지방으로 전도여행을 시작했는데, 여기에는 현지인들의 입말을 배우기 위한 목적도 있었습니다. 심지어 1889년 3월, 릴리아스 호턴^{Lillias Horton}

Underwood, 1851~1921과 결혼한 직후에도 신혼여행을 겸한 제3차 전도여행으로 의주에 가서 33명에게 세례를 베풀기도 했죠. 그가 전도와 한글 연구에 얼마나 많은 열정을 쏟았는지 알 수 있는 대목입니다.

언더우드가 주로 신약성경 번역에 주력했다면 윌리엄 데이비드 레이놀즈William Davis Reynolds, 1867~1951 선교사는 구약성경 번역을 도맡았습니다. 사실 성경 번역에 있어서 신약보다는 구약이 훨씬 까다롭습니다. 구약성경은 우리 시대와 많이 다르고 이해하기 어려운 각종 제사법 등을 다룬 율법서를 비롯해 역사서, 시가서, 예언서 등 유대 문화와 역사에 대한 내용이 주를 이루기 때문이죠.

이 때문에 구약성경 번역은 그 독자가 되는 조선인의 문화와 생각, 정서까지도 고려해야 하는 까다로운 작업일 수밖에 없었는데요, 그 일의 적임자가 바로 1892년에 조선에 도착한 레이놀즈였습니다. 어학 실력이 출중했던 레이놀즈는 그의 어학 선생과 함께 강화도에 나가 한국말로 전도를 다녔다고 합니다. 레이놀즈는 한국어 공부를 시작한 지 6개월 만에 20분 정도의 한국어 설교가 가능할 정도로 어학에 천부적인 재능을 타고난 사람이었다고 합니다. 영국 성서공회 조선지부장 휴 밀러Hugh Miller는 그에 대해 "최고의 한국어 실력 소유자"라고 평가했을 정도니까요.

레이놀즈는 전주 서문교회의 담임목사로 섬기면서 1904년 10월부터 두 명의 조선인 조수와 함께 구약성경 번역에 몰두했습니다. 드디어 1910년 4월 2일 오후 5시, 레이놀즈는 구약의 마지막 구절 번역을 마치자마자 서울에 있던 영국 성서공회의 대리인인 휴 밀러에게 한국말로 "Punyuk ta toiesso(번역 다 됐소)"라는 전문을 보냅니다. 구약성경 39권 중에서 예레미야서를 제외한 38권을 5년 5개월 만에 마친 것이었습니다. 구약과 신약을 합쳐 총 66권의 한국어 성경 가운데, 신약의 고린도전·후서 두 권을 포함해서 40권이 그의 손으로 번역이 된 것입니다.

레이놀즈가 한글 번역에 끼친 영향에 대해 류대영 한동대 교수는 다음과 같이 평가했습니다.

"1899년부터 시작되어 1911년에 출간된 『구약전셔』는 사실상 레이놀즈의 개인 번역이나 마찬가지였다. 레이놀즈는 또한 한국교회의 거대한 유산인 1938년도 공인 성경전서인 『성경 개역』이 출간되는 데 가장 큰 기여를 한 사람이었다."

한편, 레이놀즈는 1894년부터 전주, 김제, 영광, 함평, 순천 등 전라도 일대를 순방하며 선교기지를 물색하기 위한 선교지 답사를 합니다. 당시는 동학 농민군이 봉기할 만큼 민심이 흉흉한 데다 외국인에 대한 적대감마저 있어서, 각 고을을 순방하면서 틈틈이 복음을 전하는 일은 생명을 걸어야 하는 위험한 일이었습니다. 그런데도 그는 선교지 답사를 중단하지 않고, 향후 전라도 지역에 기독교 복음을 전파시키는 데에 선구적인 역할을 합니다.

한글 구약성경 번역에 있어서 또 한 명 빼놓을 수 없는 사람이 알렉산더 피터스 Alexander Albert Pieters, 1871-1958입니다. 그는 1871년 러시아의 정통파 유대인 가정에서 태어나 어려서부터 히브리어를 배웠습니다. 하지만 제정 러시아 말기의 혼돈 속에서 러시아를 떠나기로 결심한 그는, 난관 끝에 일본 나가사키에 상륙합니다. 나가사키에서 다시 미국으로 갈 계획이었던 그는 그곳에서 선교사들을 통해 복음을 접하고 세례를 받은 후, 자신이 한 번도 생각지 않았던 조선으로 인도함을 받았습니다.

당시 조선은 구약성경 번역을 절실히 필요로 하고 있던 상황이었습니다. 어쩌면 하나님께서는 조선에 구약성경을 선사하기 위해 그를 러시아에서 불러내신 건지도 모릅니다. 1895년 조선에 와서 3년간 한글을 익힌 그는 1898년 시편 중 일부를 우리말로 번역을 하는데요, 그것이 최초의 한글 구약성경인 「시편촬요」입니다. 피터스 목사는 구약성경 개역위원회의 평생위원으로 위촉되어 한글 성경 개역 작업에 주도적 역할을 감당합니다. 개역 작업은 1938년에 끝이 났고, 그 해에 『개역성경전서』가 출판되었습니다. 개역된 구약성경으로 시편 23편을 읽어보겠습니다.

"여호와는 나의 목자시니 내가 부족함이 업스리로다. 그가 나를 푸른 초장에 누이시며 쉴만한 물가으로 인도하시는도다. 내 영혼을 소생식히시고 자기 일홈을 위하야 의의 길로 인도하시는도다…."

어떻습니까? 1938년에 완성된 개역성경과 오늘날 우리가 읽고 있는 구약성경을 비교하면, 맞춤법이나 고어체만 조금 다를 뿐, 그 내용은 놀랄 정도로 차이가 없지 않습니까? 피터스는 자신이 번역한 시편 67편과 시편 121편을 토대로 찬송가도 지었습니다. 찬송가 47장 「주여 우리 무리를」과 433장 「눈을 들어 산을 보니」가 그것입니다. 그가 한국의 정서와 운율에 얼마나 정통했는지를 잘 보여주고 있는 대목입니다.

한편, 한국 근대문학의 선구자 이광수(李光洙)는 1917년 7월, 잡지 『청춘』 9월 호에 게재한 「야소교의 조선에 준 은혜」 제하의 글에서 성경의 한글 번역의 의미를 다음과 같이 평가하였습니다.

"한글도 글이라는 생각을 조선인에게 준 것은 실로 예수교회외다. 귀중한 신구약과 찬송가가 한글로 번역되며, 이에 비로소 한글의 권위가 생기고 또 보급된 것이요. 석일(昔日)에 중국경전의 언해(諺解)가 있었으나 그것은 보급도 아니 되었을 뿐더러 번역이라 하지 못하리만큼 졸렬하였소. 소위 토를 달았을 뿐이었소. 그러나 성경의 번역은 물론 아직 불완전하지마는 순 조선말이라 할 수 있소. 아마 조선 글과 조선말이 진정한 의미로 고상한 사상을 담는 그릇이 됨은 성경의 번역이 최초일 것이요. 만일 후일에 조선 문학이 건설된다 하면 그 문학사(文學史)의 제 일항(第一項)에는 신구약의 번역이 기록될 것이외다."

한국을 사랑하고 한글을 자랑한 게일 선교사

한편, 한글 확산과 관련해서 주목해야 할 사람은 제임스 게일[James S. Gale, 1863-1937] 선교사입니다. 그는 1888년 토론토 대학교를 졸업한 후, 토론토 대학교의 YMCA 파송 선교사로 조선 땅을 밟습니다. 대학에서 문학을 전공한 그는 남다른 언어 구사력을 가진 선교사였습니다. 그가 성서 번역 외에도 한영사전을 만들고, 영어로 한국사와 한국문학을 번역해 세계에 소개할 수 있었던 데는 그의 이러한 문학적인 재능이 큰 역할을 했다고 할 수 있습니다. 하나님은 우리 각자의 능력을 당신의 나라와 뜻을 위해 귀하게 사용하신다는 것을 게일 선교사를 통해서도 알 수 있는 것이죠.

그는 조선을 복음화하기 위해 파송 받은 선교사였지만, 그렇다고 조선을 서구화하는 데 치중하지 않았습니다. 오히려 조선의 역사와 문화를 소중하게 여기면서 그런 토양에 어울리는 조선의 기독교가 꽃 피기를 염원했던 것입니다.

"현지(조선)에 있는 몇몇 선교사들은 조선 사람들을 자기들과 같이 만들기 위한 노력을 하고 있는데, 나는 그들이 실수를 범하고 있다고 생각합니다. 우리들은 그렇게 할 수 없습니다. 그 어떤 변화도 그 반대여야 합니다. 우리들(선교사들)이 조선 사람들과 같이 되어야 합니다. 왜냐하면 조선 사람들은 기독교인으로 변한다 하여도 여전히 조선 사람이며 동시에 기독교인이기 때문입니다."

조선에 도착한 이듬해에 게일 선교사가 누이에게 쓴 편지 내용입니다. 조선을 서구화하는 게 아니라 조선식 기독교를 꽃피워야 한다는 그의 신학적 소신이 뚜렷이 드러나 있지요. 무엇보다 그는 한국사에 박식했습니다. 『동국통감』을 영어로 번역한 데 이어 『한국민족사』를 선교사들 잡지인 *The Korea Mission Field*에 연재하기도 했습니다. 그리고 이규보, 신숙주, 이율곡의 묘비 탁본을 떠서 간직할 만큼 조선의 역사, 민속, 언어에 대한 깊은 존경과 사랑을 지닌 분이었습니다.

『춘향전』, 『구운몽』, 『심청전』 같은 한국민족 고유의 정서를 담은 소설을 영어로 번역해 서구에 소개한 이도 바로 게일 선교사입니다. 기독교인의 고전이 된 『천로역정』을 한글로 번역하기도 했고요. 특히, 『천로역정』에 삽화로 넣은 등장인물들은 모두 한복에다가 갓을 쓴 조선 사람들로 묘사하고 있는데, 여기에 등장하는 천사는 마치 우리 민족 고유의 선녀를 닮았습니다. 이런 이유로 『천로역정』은 당시 조선 사회에 빠르게 퍼져 나갔습니다.

우리나라 최초의 장로교 목사 7인 중 한 명이었던 길선주 목사는 『천로역정』을 읽고 깊은 감동을 받은 후에 강력한 성령 체험을 하여 기독교인이 되었다고 전해집니다.

덧붙여 말하자면, 『천로역정』은 17세기 영국의 작가이자 침례교 설교가인 존 버니언John Bunyan, 1628~1688이 쓴 소설입니다. 기독교 고전 작품 중에서 가장 유명한 책이며, 성경 다음으로 가장 많이 읽힌 책이기도 합니다. 지금 이 책을 읽고 있는 독자분들도 꼭 한 번 읽어

볼 것을 권합니다.

게일은 1892년에 한글로 『사도행전』을 번역하여 출판하는 등 신약성경 번역에도 깊게 관여하고 있었을 뿐만 아니라, 우리나라 최초의 『한영사전』을 편찬했는데요, 이는 현대 사전이 간행되기 전까지 거의 50년 동안이나 유일한 한영사전이었습니다.

그는 선교사들끼리만 어울려 지내는 것을 못마땅해 했습니다. 선교사는 당연히 현지인들과 어울리며 그들 속에서 지내야 한다는 생각에서였지요. 그가 서울 연동교회 담임목사로 있을 때는 사랑방에서 매일 7시간 동안 사람들과 어울리며 조선 음식을 먹고 조선 문화를 익혔다고 합니다. 그가 환갑을 맞이했을 때, 조선식 옷을 입고 조선식으로 환갑식을 했던 장면은 지금도 사진으로 남아 있습니다.

교인들 중에서 천민과 양반을 구분하지 않고 똑같이 대해 천민들로부터는 존경을, 양반들로부터는 미움을 동시에 받기도 했습니다. 1904년 우리나라 교회에서는 최초로 천민 출신 이명혁을 장로로 임명하고, 이어서 광대 출신 임공진을 장로로 세우려 하자 양반 신도들이 거세게 반발해 따로 묘동교회를 세우고 나가서 교회가 분열되는 아픔을 겪기도 했답니다.

이상재, 이승만, 이원긍, 유성준, 안국선, 김린 등 당시 독립협회 활동으로 옥고를 치른 양반 출신의 개혁파 지식인들이 연동교회에 출석한 것만 봐도 게일이 조선 사회에서 어떤 인물로 비치고 있었던가를 단적으로 보여주고 있는 대목이기도 합니다.

무엇보다 그는 한글 보급에 힘썼는데요, 그만큼 한글을 자랑스러워하고 사랑했기 때문입니다. 게일은 1909년에 출판한 자신의 저서 『전환기의 조선』에서 이렇게 밝히고 있습니다.

"한글은 정말로 이 세계에서 제일 간단하다. 서기 1445년에 발명되어 조용히 먼지투성이에 묻혀 자기의 세월이 오기를 기다리고 있으니, 누가 그것을 알아주었겠는가? 그것이 너무 쉬웠기 때문에 결코 쓰여 지지도 않고 멸시만 당했다. 여자들조차도 한글을 한 달 또는 한 달 조금 넘는 기간에 배울 수 있었으니, 그렇게 값싼 글자를 무엇에다 쓸 것인가? 하나님의 신비로운 섭리에 의해 그것은 신약성서와 다른 기독교 서적을 위해 준비된 채 자기의 날이 오기를 기다리고 있었다. 오늘날까지 이들은 이 신비롭도록 단순한 언어를 거의 배타적으로 사용하지 않고 있었다. 아마 이것은 모든 것 중에서 놀라운 섭리일 것이다. 이 언어는 시간이 시계를 칠 때까지 기다렸다가 그리스도의 모든 놀라운 역사를 일으키고 있음을 말해 준다."

그리고 이듬해인 1910년 영국 에든버러에서 열린 세계선교사대회에서 게일은 한글에 대하여 다음과 같이 보고하였다고 합니다.

"아마 한국어 이외의 어떤 언어도 그렇게 짧은 기간에 기독교적 사상과 용어를 쉽게 옮겨 전할 수 있었던 언어는 없었을 것이다"

한편, 1888년 아펜젤러 선교사가 속한 미국 북감리회 선교부는 배재학당 안에 한글 자모를 구비한 활판소를 설립하고, 성경과 찬송가를 비롯하여 『천로역정』 등 각종 기독교 관련 한글 서적을 출판합니다. 이어서 1893년에는 미국 북장로회 선교부도 "모든 문서는 한문을 섞지 않고 순전히 한글로 인쇄한다"라는 방침을 정합니다.

이처럼 선교사들이 누구나 쉽게 알 수 있는 한글을 적극적으로 활용하여 성경과 기독교 관련 서적, 신문 등을 발행함으로써, 기독교 복음은 짧은 기간에 전국 방방곡곡으로 빠르게 퍼져 나간 것입니다. 그 결과 선교사들이 한글의 도움을 받아 빠르게 복음을 전했던 만큼 한글 또한 선교사들에게 큰 은혜를 입었습니다.

'너무 쉽다'는 이유로 조선의 양반 지식인층으로부터 400년이 넘는 오랜 세월 동안 천대와 괄시를 받아왔던 한글은, 한글이 가진 본연의 가치에 눈을 뜬 선교사들의 노력으로 마침내 조선 후기에 이르러 마침내 광명을 찾게 된 것입니다.

한글을 지킨 조선의 기독인들

상술한 바와 같이, 한글의 재발견과 보급은 많은 사람들에게 복음을 빨리 전파하기 위한 '고속도로'와 같은 역할을 했습니다.

그러나 한글은 일제강점기를 거치며 또 한 번의 큰 시련에 맞닥뜨립니다. 바로 '한글 사용 금지', '한글 이름 금지'라는 일제의 조선 말살정책이었습니다. 선교사들의 열정과 조선 민초들의 복음에 대한 갈급함으로 인해 폭발적으로 확산되던 한글이 사라질 운명에 처한 것입니다.

일제는 1936년 조선 사상범 보호관찰령, 1941년 조선 사상범 예방 구금령을 일방적으로 공포하고 민족적인 단체들에 대해 '사상'과 '안전'의 이름으로 대대적인 단속에 나섭니다. 우리말과 글을 지키기 위한 조선어학회 회원들을 1942년 10월 1일부터 일제히 검거한 조선어학회 사건이 발생한 것도 그런 이유에서입니다.

조선어학회 사건은 이중화, 장지영, 최현배, 이극로 등 핵심 인물 11명을 고문 끝에 취조해 독립운동을 목적으로 했다는 거짓 자백을 받아내 내란죄로 기소하고 사법 처리한 사건을 말합니다. 이 사건을 계기로 조선어학회는 강제 해산당합니다. 해방 후인 1949년 9월에서야 지금의 한글학회로 새로 태어나게 되죠. 만약 일제가 패망하지 않았다면 한글은 또다시 언제 깨어날지 모르는 깊은 잠에 빠져들었을지도 모릅니다.

일제는 민족말살정책을 철저하게 감행했습니다. 창씨개명을 하지 않은 자에게는 학교 입학도 금지시키고 취직의 길도 막아버렸습니다. 공식적인 자리에서도 한글 사용은 금지되었습니다. 교회도 예외는 아니었습니다. 설교는 일본어로 해야 했습니다. 그럼에도 조선 기독교인들은 일제의 감시를 피해 한글 성경과 찬송으로 예배를 드렸습니다. 이만열 전 국사편찬위원장은 저서 『한국기독교 문화운동사』에서 "해방 직전까지 한글을 '공공 용어(대중어)'로 사용한 곳은 교회뿐이었다"라고 밝히고 있습니다. 한글을 지킨다는 것은 신앙을 지키는 것이자 곧 조선 민족과 자신을 지키는 일이기도 했습니다. 그렇게 조선 기독교인들은 한글 성경을 생명처럼 여겼습니다. 게일 선교사는 『전환기의 조선』에서 그걸 다음과 같이 표현하고 있습니다.

> "조선에서는 흔히 신약성서가 여인의 허리끈에 매여 있다. 유쾌한 여행길에 있는 등산가의 짐 꾸러미 속에, 작은 마을에 있는 가정의 벽장에, 그리고 거실의 선반에 쌓여 있는 것은 예수를 말하고 구원해 줄 것을 이야기하고 있는 언문으로 씌어진 이 책들이다. 나는 나 자신이 그 번역에 참여했던 것을 가장 선택된 은총으로 생각한다."

여인의 허리끈에 성경을 묶고 다녔다는 이야기는 가장 소중하게 한글 성경을 간직했고, 날마다 매 순간마다 그 성경을 펼쳐서 읽었다는 얘기입니다. 그 속에서 솟아난 믿음들이 민족독립운동으로 이어지고, 나라를 재건하는 원동력이 되었다고 확신합니다.

선교사가 아닌 한국인 중에서 '한글운동의 선구자'라고 할 수 있는 인물은 감리교인 주시경 선생입니다. 주시경 선생은 1908년에 국어연구학회(한글학회의 전신)를 설립하는데요, 동 학회의 주요 인사들 대부분도 기독인 학자들이었습니다. 그의 제자이자 한글학회의 핵심 멤버였던 최현배는 평소 "한글을 창제한 세종대왕의 거룩한 뜻이 기독교에서 실현된 것"이라고 말했다고 합니다. 즉, 세종대왕이 훈민정음을 창제한 근본 취지, 거룩한 뜻인 민중 교화가 기독교 유입과 선교를 통해 비로소 성취되었다는 뜻입니다.

이런 이유 때문에 국내 교회사가들도 수백 년 동안 잠자고 있던 한글을 흔들어 깨워 확산시키는 일에 선교사를 비롯한 조선의 기독교인들이 중심이 되었다는 것을 공히 인정하고 있습니다.

저는 조선을 너무나 사랑하고 또 조선을 위해 모든 것을 바친 선교사님들에 대한 고마움과 빚진 마음으로 이 책을 쓰기 시작했습니다. 그리고 선교사님들에 대해 평소에 가졌던 생각들과 관련 자료들을 이렇게 글로 정리하면서, 저는 내내 놀라움을 금할 수 없습니다. 언더우드, 레이놀즈, 게일, 피터스 등 같은 시기에 조선에 들어와 활동했던 선교사들에게는 모두 한 가지 공통점이 있습니다. 그것은 언어에 천부적인 재능을 가지고 있었다는 것입니다.

『춘향전』, 『구운몽』, 『심청전』 같은 우리 민족 고유의 정서가 고스란히 녹아있는 소설을 완벽하게 번역해 냈을 뿐만 아니라, 읽기도 힘들뿐더러 게다가 방대한 양의 성경전서를, 그것도 전혀 다른 언어 체계를 가진 서양인이 불과 몇 년 만에 완역을 했다는 것이 상상이 되나요? 하물며 당시에는 사전도 없던 시절입니다.

저는 아무리 이해하려고 노력해도 상식적으로 잘 납득이 돼질 않습니다. 즉, 이 모든 것들은 만물의 창조주이신 하나님께서 '조선 복음화'라는 하나님의 뜻을 이루기 위해, 하나님의 때에, 하나님의 때를 위해 미리 예비해 두신 분들을 강권적으로 조선에 파송한 것으로 밖에는 달리 설명이 되지 않습니다. 저는 이 모든 것이 하나님의 계획과 섭리 안에서 이루어진 일이라는 것을 확신합니다.

02

복음, 500년 묵은 백정 차별제도를 철폐하다

예수학교
제중
봉출아! 그냥 공부만 해라 너를 서양 귀신에게 줄 수 없다.
아버님 기도해야 합니다.
예수 의사 나으리! 우리 손주가 콜레라에 걸렸수다. 살려주시우
저기 백정촌에 성춘 형제가 콜레라에 죽어가요.
니 왕실 의사가 백정촌에 오고 있소!

백정, 가장 차별받는 사람들

차별은 어느 시대나 장소를 막론하고 늘 있었습니다. 역사상 처음으로 흑인 대통령을 배출한 미국에도, 무기징역의 받은 죄수가 백인들의 차별을 뚫고 대통령에 당선된 남아공에도 법이나 제도상으로는 차별이 사라졌지만, 관행 혹은 편견이라는 이름으로 아직도 차별은 끈질기게 남아공 사람들을 괴롭히고 있답니다. 아시아의 인구 대국인 인도에서는 고질적인 신분제도인 카스트 제도가 오늘날에도 여전히 건재합니다. 유럽도 마찬가지입니다. 유구한 역사와 기독교 전통을 자랑하는 고상한 유럽 국가들에서조차 인종과 민족에 대한 편견이 뿌리 깊게 자리 잡고 있습니다.

우리 사회는 어떨까요? 아마도 우리 사회가 차별 없는 사회라고 감히 말할 수 있는 사람은 많지 않을 거예요. 그렇다면 지금 우리 사회에서는 어떤 사람들이 가장 부당한 차별을 겪고 있을까요? 아마도 외국인 노동자, 북한 이탈 주민, 장애우, 가난하고 병든 자, 소외 계층 등 무수한 답변이 쏟아지리라는 걸 예상해 볼 수 있을 것입니다.

그러면 지금으로부터 약 120-130년 전인 조선 후기에는 어떤 사람들이 가장 부당한 차별을 받았을까요?

바로 백정들입니다. 그럼 백정이 무엇일까요? 백정은 '흰 백(白)'에 '장정 정(丁)'으로 원래 중국에서는 일반 백성, 그러니까 농사짓는 사람을 지칭하는 말이었습니다. 그런데 이게 조선에 들어오면서 천한 사람의 대명사가 되었답니다. 백정하면 보통 우리가 머릿속에 떠올리는 것은 소나 돼지 잡는 사람이지 않습니까? 그때부터 시작된 백정에 대한 비천한 이미지가 아직도 우리 뇌리 속에 강하게 남아 있는 걸 보면, 당시 백정에 대한 일반 백성들의 차별 감정이 얼마나 심했는지 알 수 있을 겁니다.

그렇다면 백정은 어느 정도로 차별을 받았을까요? 백정들은 같은 마을에서도 외딴 곳에 살거나 혹은 따로 집단을 이루고 살았습니다. 일반인들이 입는 옷이나 망건 같은 것들은 착용할 수가 없었습니다. 아예 착용 금지를 시킨 것이죠.

조선 후기 학자였던 성대중은 이런 말을 했습니다. "우리나라(조선)에서 가장 천한 자는 백정이다." 그는 서얼(본처가 아닌 첩과의 사이에서 나온 자손) 출신으로 관직에 나갔지만 조선 사회의 두터운 차별제도를 몸소 체험했던 사람입니다. 그는 조선이 다 저물도록 백정을 사람 취급하지 않는 사회를 꼬집었던 것이죠.

만약 당시에 백정이 일반인처럼 행세하면 어떻게 됐을까요? 다시 말해서 백정이 일반인과 결혼을 하거나 일반인들이 입는 옷을 입었다면? 순조 9년이던 1809년, 당시 개성에서 실제 있었던 일입니다. 백정이 혼례식을 치르면서 '감히' 두루마기와 갓을 썼는데 그러자 그것을 본 개성 사람들이 달려와 그 백정 집을 부수고 갓을 빌려준 사람까지 구타를 했습니다. 소요는 여기서 그치지 않았어요. 사람들이 관아 앞까지 몰려가 돌을 던지며 백정을 처벌해 달라고 촉구했습니다.

어떻습니까? 지금 상식으로는 도무지 이해가 안가죠? 한마디로 백정이 일반인처럼 행세하는 것은 그 당시의 사회문화적 배경 아래에서는 결코 용납 되지 않았던 것입니다. 그것이 조선 사회의 분위기였습니다. 조선 사회에서 백정처럼 지독하게 차별을 받는 부류는 백정 외엔 없었습니다. 그들은 천민 중의 천민이었던 것이지요.

이 책을 읽는 독자들도 이미 잘 알고 있는 의적 '임꺽정'도 백정 출신이었습니다. 그는 경기도 양주 출신의 백정으로 조선 사회의 신분 차별과 권세가들의 수탈에 분노해 난을 일으켰답니다. 16세기 당시 황해도, 경기도, 강원도를 주 무대로 탐관오리를 응징했던 임꺽정은 당시 관군들도 쩔쩔 맬 만큼 커다란 세력을 형성했었습니다.

백정에 대해 한걸음 더 들어가 보겠습니다. 백정은 고려시대 때부터 유입되기 시작한 북방 민족과 관련이 있습니다. 『조선왕조실록』에는 이들을 '북방에서 유입한 별종의 인간(오랑캐)'이란 뜻으로 '호종(胡種)'이라고 기록하고 있죠. 백정하면 보통 짐승이나 가축을 잡는 도축업자로만 생각하기 쉽지만, 버드나무로 바구니를 만드는 '고리', 악기 연주를 하거나 재롱을 부리는 '유랑', 사형 집행을 하는 '망나니', 동물 가죽으로 신 등을 만드는 '갖바치' 등을 모두 백정이라 불렀습니다. 임꺽정은 고리백정이었습니다.

즉, 위에서 본 바와 같이 중국에서는 일반 백성을 뜻하던 백정이 조선에서는 북방 오랑캐 유민을 가리키는 말로 사용된 것이죠. 그만큼 조선 사회가 백정을 혐오하고 차별했던 것을 알 수 있습니다.

이러한 분위기 속에서 1894년에 인간 평등과 사회 개혁을 주장하는 민란(동학혁명)이 발생하자, 당시 김홍집 내각은 정치, 경제, 사회 등 국가의 주요 정책에 대한 개혁(갑오개혁)을 단행하여 신분제를 위시한 각종 폐습을 타파합니다. 신분제가 철폐됨에 따라 백정에 대한 차별도 공식적으로는 사라졌으나 현실은 제도만큼 그렇게 빨리 바뀌지 않았습니다. 갑오개혁 이후에도 백정을 차별하는 냉혹한 현실은 거의 그대로였습니다. 그런 가운데 기독교 복음을 접한 한 백정을 통해 좀처럼 꿈틀거리지 않던 조선의 낡고 오래된 차별제도에 서서히 금이 가기 시작합니다.

백정 박성춘의 유일한 꿈, '자식의 출세'

백정 박성춘. 그는 1862년 지금의 서울 종로구 관훈동인 관자골에서 백정의 아들로 태어났습니다. 한번 백정은 영원한 백정일 수밖에 없던 시절입니다. 그는 백정의 딸을 만나 결혼해 아들을 낳습니다. 이름은 박봉출. 자식이 잘 되기를 바라는 부모의 마음은 누구나 똑같습니다.

아버지 박성춘은 아들 박봉출만큼은 어떻게 해서든 백정 신세를 면하게 하려고 온갖 노력을 기울입니다. 그러다 미국 선교사가 세운 학교가 있다는 걸 소문으로 듣게 됩니다. 바로 지금의 을지로 1가 롯데호텔 자리에 위치했던 곤당골 예수교학당입니다. 미국 북장로교 선교사 사무엘 무어Samuel F. Moore, 1860-1906가 1893년 6월에 세운 학당입니다. 아이들을 가르치기 위해 교회 안에 세운 일종의 초등교육기관이었습니다.

당시는 서양에 대한 의심과 반감이 컸던 때입니다. 서양에서 온 것은 무엇이든 배척하는 때였죠. 그런데도 박성춘은 아들 박봉출을 선교사가 세운 학당에 입학시킵니다. "너만은 신식 학문을 배워서 꼭 출세해야 한다"는 박성춘의 간절한 바람 때문이었습니다.

선교사가 학교나 병원을 세운 것은 교육과 치료를 위한 목적도 있지만 이것을 통해 복음을 전하기 위한 목적이 더 컸습니다. 곤당골 예수교학당도 교회 안에 세운 이유가 있는 것이죠. 학당을 통해 자연스럽게 아이들을 교회 예배에 참석시키는 것이었습니다. 그러나 박성춘은 아들의 주일예배 참석만큼은 절대 허락하지 않았습니다. 신식 학문을 배워 출세하면 그만이지 '서양 귀신'에게 아들을 내줄 수 없다는 것이었죠. 하지만 하나님의 섭리는 사람이 막는다고 막아지는 게 아닙니다.

우리나라는 늘 주변 강대국들에게 시달려왔는데, 특히 1890년 대는 더욱 그랬습니다. 조선을 사이에 두고 청나라와 일본이 으르 렁거리더니 마침내 두 나라가 전쟁을 일으킵니다. 그 와중에 명성 황후가 일본에 의해 살해되는 사건이 일어납니다. 그러자 위에서 언급했듯이 백성들이 못 살겠다며 동학(혁명) 같은 민란을 전국에서 일으킵니다. 1894년, 이 해는 청일전쟁과 동학혁명이 동시에 일어 난 해입니다. 전쟁과 혁명은 순식간에 조선을 휩쓸며 엄청난 희생 과 상처를 남깁니다. 불운은 늘 한꺼번에 오는 것일까요? 이 해에 극심한 콜레라가 창궐하여 조선 전역을 휩쓸었습니다. 어느 정도로 심했냐 하면, 서울에서만 하루에 300여 명이 죽어서 성문 밖으로 실려 나갔다는 기록이 있을 정도입니다.

당시 서울 인구가 약 20만 명에 불과했으니까 당시로서는 얼마 나 많은 인명 피해를 입었는지 상상할 수 있겠지요.

박성춘도 콜레라를 피해갈 수 없었습니다. 지금이야 콜레라는 예 방접종 하나로 간단히 막을 수 있지만, 당시 사람들은 콜레라를 귀 신이 가져다주는 것으로 믿었습니다. 따라서 콜레라에 걸리면 병원 이 아니라 무당부터 찾아가 푸닥거리를 했답니다. 물론 병원이 없었 기 때문이기도 합니다. 콜레라에 감염된 박성춘도 무당을 불러 굿을 했습니다. 차도가 있었을까요? 물론 없었습니다. 박성춘은 '역병 귀 신'에 붙잡혀 꼼짝없이 이승을 하직할 신세가 되고 만 것입니다.

박성춘, 무어 · 에비슨 선교사를 만나다

바로 그때 박성춘 앞에 나타난 사람이 사무엘 무어 선교사와 의사 에비슨Olive R. Avison, 1860-1956이었어요. 무어 선교사는 곤당골 예수교학당을 만들어 운영하는 사람이었고, 에비슨은 한국 최초의 근대식 병원 제중원의 의사이자 고종의 주치의였습니다. 그런 두 사람이 박성춘을 찾아온 것입니다. 이것은 사실 당시 TV가 있었다면 톱뉴스로 나오고도 남을만한 사건이었습니다. 백정 마을엔 백정들만 모여 살지 거기엔 일반인은 절대 얼씬도 하지 않았어요. 그 당시 백정은 사람 취급을 못 받는 인간 이하의 부류로 취급받았기 때문이죠. 그런 백정 마을에 서양인 두 명이 나타난 겁니다. 그것도 왕의 주치의가 직접 왕진 가방을 든 채 말입니다.

백정 박성춘의 놀란 표정이 상상이 되시나요? 그뿐만이 아니었습니다. 두 서양인은 박성춘의 손을 잡고 눈을 맞추며 말을 걸어왔습니다. 조선의 평범한 사람들조차도 자신에게 말을 걸어오거나 손을 잡아주는 건 상상조차 할 수 없는 일이었는데 말이죠. 박성춘은 이들 앞에서 아마도 뜨거운 눈물을 흘렸을 것 같습니다. 그리고 하나님, 예수님이 누군지는 잘 모르지만 이들이 전하는 예수님이라면 무조건 믿어야겠다고 다짐했을 것입니다.

어쨌든 박성춘은 콜레라에서 회복되었고, 마침내 아들 봉출의 예배 참석도 허락했습니다. 그리고 자신의 두 딸도 에비슨이 막 시작한 여학교에 보내기로 약속했습니다. 더 놀라운 일은 자신도 무어 선교사가 인도하는 곤당골교회 예배에 출석하기 시작한 것입니다. 그리고 이듬해 1895년 초에 무어 선교사로부터 세례까지 받습니다. 천하디 천한 백정에서 존귀한 하나님의 자녀로 신분이 바뀌는 순간이었습니다.

하지만 그의 교회 출석과 세례를 놓고 교회 내에서 분란이 일어나게 됩니다. 한 사람이 세례 받는 일을 놓고 감사해도 모자랄 판에 웬 분란일까요? 당시 곤당골교회에 출석하는 교인은 20여 명, 대부분 조선 사회의 고위 공무원들이었습니다. 이른바 엘리트들이었던 것이지요. 그런데 그들이 갑자기 박성춘을 문제 삼기 시작한 겁니다. 박성춘의 회심이 이들에겐 탐탁지 않았던 것이지요.

'점잖은 사람들이 모이는 교회에 감히 백정 놈이?' 아마 이런 심보였을 것입니다. 지금으로서야 우습게 보이지만 당시엔 제도나 시대상이 그랬습니다. 그만큼 양반과 백정은 하늘과 땅만큼이나 신분 차이가 있었던 것이죠.

고위직 양반 교인들은 무어 선교사에게 압력을 넣기 시작합니다. "박성춘이 교회에 나오지 못하도록 하시오. 안 그러면 우리가 교회에 안 나올 것이오." 지금도 그렇지만 목사가 영향력 있는 교인들의 요청을 거절한다는 건 쉬운 일이 아니었습니다. 하지만 무어 선교사는 그런 양반 교인들의 요청을 단호하게 물리칩니다. "하나님 앞에서는 모두가 평등합니다. 박성춘도 하나님의 자녀로서 여러분들과 똑같이 교회에 나와 예배드릴 자유가 있습니다."

그러자 양반 교인들이 다시 이렇게 제안합니다. "그렇다면 좋소.

박성춘이 교회에는 나오되 같은 자리에 앉을 수는 없소. 양반 자리, 백정 자리를 따로 구분해서 앉게 해주시오." 참으로 거부하기 힘든 현실적인 제안 앞에서 무어 선교사는 잠시 고민에 빠집니다. 하지만 이내 "하나님 앞에서는 구분이 없는데, 왜 구분을 지으려 하십니까?"라며 또 다시 거절합니다. 그러자 결국 양반 교인들은 곤당골교회를 나가서 따로 교회를 세우게 되는데, 그것이 지금의 광교 조흥은행 본점 자리 부근에 있던 '홍문수골교회'입니다.

분립 이후 곤당골교회는 곤당골교회대로, 홍문수골교회는 홍문수골교회대로 성장을 해나갑니다. 특히 곤당골교회는 박성춘의 열정적인 전도로 많은 백정들이 출석하는 교회가 되었습니다. 자신과 같은 처지의 천한 백정들을 위해 헌신적으로 노력하는 무어 선교사에게 큰 감동을 받은 박성춘은 수원, 평택, 양주, 포천 등지를 돌아다니며 열정적으로 백정들을 전도했던 것입니다. 그 결과 수원을 비롯한 전국에 수십 개의 백정 교회가 세워집니다.

이러던 와중에 곤당골교회는 1898년에 뜻밖의 화재를 당합니다. 나름대로 자립 기반을 갖추며 성장을 거듭해 가던 홍문수골 교회는 어려움을 당한 곤당골 교회를 향해 도움의 손길을 내밉니다. 그리고 곤당골교회 교인들은 그대로 장소를 옮겨 홍문수골교회 교인들과 함께 한 예배를 드리게 됩니다. 이처럼 한국 교회가 태동한 초창기엔 아름다운 이야기들이 무척 많습니다. 두 교회는 하나로 합쳐져 지금의 승동교회로 다시 태어나게 됩니다. 승동교회는 지금 인사동 거리에 자리하고 있습니다.

이 땅에 묻힌 선교사들이 다 전하지 못한 100년의 이야기

복음이 박성춘을 통째로 바꿔놓다

옛날에도 그렇고, 지금도 그렇고, 앞으로도 마찬가지인 것은 '복음은 한 사람을 통째로 바꿔놓는다'는 것입니다. 그리고 그 바뀐 한 사람의 영향력은 엄청납니다. 선교사들이 전해준 복음을 접한 박성춘의 변화는 엄청난 결과를 가져왔습니다. 그것은 단순히 교회 장로가 되거나 교회 안팎에서 영향력을 발휘하는 그런 수준이 아니었습니다. '사람은 신분에 상관없이 하나님 앞에서 누구나 다 존귀하고 평등하다'라는 깨달음은 자신과 같은 백정을 인간 이하로 취급하던 조선 사회를 바꿔야겠다는 행동으로 이어집니다.

1911년 승동교회에서 장로 선거가 있었습니다. 장로의 자격은 만 30세 이상으로 세례 받은 지 1년이 지나야 했습니다. 그리고 교인 3분의 2가 찬성해야 했습니다. 지금으로서도 쉽지 않은 기준인데, 승동교회에서 이 과정을 모두 통과한 유일한 사람이 바로 박성춘이었던 겁니다. 박성춘이 양반과 상민, 백정들이 다니는 승동교회의 초대 장로가 된 것이죠. 그는 이후 노회에서 임원을 맡아 교회 안팎에서 지도력을 발휘합니다.

박성춘이 승동교회 초대 장로가 된 지 3년이 지나서 또 하나 놀라운 일이 벌어집니다. 흥선대원군의 친척이자 왕손인 이재형이 승동교회의 장로로 뽑힌 겁니다. 백정과 왕손이 나란히 한 교회의 장로가 된다는 건, 당시 조선 사회에서는 상상조차 하기 힘든 일이었습니다. 그런데 복음이 이것을 가능하게 했던 겁니다. 당시 조선 사회는 갑오개혁 조치로 명목상 신분 차별은 철폐되었지만 일상 속 차별은 하나도 달라지지 않았습니다.

마침내 박성춘이 나섭니다. 1895년 4월, 무어 선교사와 한국인 교사의 도움을 받아 "백정 차별제도 철폐를 다시 확인해 달라"는 탄원서를 내각에 제출한 겁니다. 그러자 당시 내부대신 유길준은 이런 백정들의 탄원을 받아들여, 그해 5월 13일에 "백정들을 차별하지 말라"는 내용의 칙령을 다시 한 번 선포합니다. 그러자 백정들이 기쁨에 겨운 나머지 도포를 입고 갓을 쓴 채 종로거리로 쏟아져 나왔는데, 조선왕조 5백 년 만에 드디어 백정들에 대한 차별이 사라졌다는 감격에서죠. 박성춘은 한동안 도포와 갓을 벗지 않은 채 잠을 잘 정도로 감격스러워 했다고 합니다. 박성춘은 이에 그치지 않고 그해 11월과 이듬해 3월, 또 다시 탄원서를 올립니다. 서울뿐만 아니라 지방에서도 백정들에 대한 차별을 없애달라는 내용이었습니다.

백정 아들이 세브란스 최초의 의사가 되다

이런 사건들을 통해, 드디어 박성춘의 이름이 천민들 사이에서뿐만 아니라 양반들 사이에서도 알려지기 시작했습니다. 1898년 10월 28일부터 11월 3일까지 종로에서 독립협회가 주관한 '만민공동회'가 열렸습니다. 거기서 연설을 하게 된 겁니다. 신분 차별 철폐운동의 상징적 인물인 박성춘을 독립협회에서도 주목할 수밖에 없었던 것입니다.

박성춘은 시민대표로 만민공동회에 나가 '충군애국'을 주제로 연설을 합니다.

"이 사람은 바로 대한에서 가장 천한 사람이고 매우 무식합니다. 그러나 임금께 충성하고 나라를 사랑하는 뜻은 대강 알고 있습니다. 이제 나라를 이롭게 하고 백성을 편리하게 하는 방도는 관리와 백성이 마음을 합한 뒤에야 가능하다고 생각합니다. 저 차일(천막)에 비유하면, 한 개의 장대로 받치자면 힘이 부족하지만 만일 많은 장대로 힘을 합친다면 그 힘은 매우 튼튼합니다. 삼가 원하건대, 관리와 백성이 마음을 합하여 우리 대황제의 훌륭한 덕에 보답하고 국운이 영원토록 무궁하게 합시다."

하나의 장대가 아닌 여러 장대가 천막을 받치듯이, 사농공상 할 것 없이 모든 백성들이 국가를 떠받치는 기둥이 될 때, 국가의 힘은 더욱 공고해진다는 것이었습니다. 오늘날 봐서도 흠잡을 데 없는 명연설을 박성춘이 서울시민들에게 선사한 것입니다. 이후 박성춘은 한동안 은행 관련 일을 하다가 1933년 하나님 품에 안겼습니다.

한편 백정 박성춘의 아들로 태어난 박봉출의 삶도 평생 백정을 벗어날 수 없는 운명이었습니다. 하지만 그는 여느 백정과는 확연히 다른 길을 걷습니다. 이름도 봉출에서 '서양'으로 바꿉니다. 박서양은 1897년 양반 가문의 딸인 경주 이씨와 결혼합니다. 백정의 아들이 양반집 규수와 결혼을 한 것이죠. 이 역시 당시에는 엄청난 뉴스가 될 만한 일이었습니다.

박서양은 세브란스 의학교 1회 졸업생 일곱 명 중 한 사람이었습니다. 조선인 최초의 신식 의사 가운데 한 사람이 되었던 것이죠. 그리고 일제 치하인 1917년에 간도로 이주해 병원을 세우고 조선인으로는 유일하게 서양 의사로 활동했습니다. 또한 민족교육기관인 숭신학교를 설립하여 학생들을 가르치기도 했습니다. 이 학교는 후일 만세운동을 벌이는 등 일제와 맞서다 폐교를 당합니다. 또한 박서양은 간도 지역에 세워진 독립운동 조직인 '대한국민회'의 일원으로 항일운동을 펼칩니다. 대한국민회 군사령부의 유일한 군의(軍醫)였다고 합니다.

복음으로 시작된 '차별 철폐', 전국으로 번지다

박성춘과 박서양만이 아니었습니다. '하나님 앞에 차별이 없다'는 복음의 평등사상은 천한 신분의 사람들을 눈뜨게 하고 조선 사회를 근본부터 흔들어 놓았습니다. 황해도 수안에서 가난한 농부의 아들로 머슴이 된 김창식도 그런 사람이었습니다. 그는 가난을 벗어나고자 무작정 가출했지만 할 수 있는 일이라곤 머슴살이, 마부, 지게꾼, 장돌뱅이 같은 밑바닥 일이 전부였습니다. 고생은 엄청하는데 가난의 굴레는 좀처럼 벗어날 수 없었습니다.

그러던 어느 날, 조선 땅에 이런 소문이 퍼집니다. "서양 사람들이 조선 아이들을 데려다 지하실에 가둬 놓고 하나씩 잡아먹는다더라." 김창식은 선교사들이 조선 아이를 잡아먹는 현장을 직접 확인해야겠다고 마음먹습니다. 그때 마침 올링거[Franklin Ohlinger, 1845~1919] 선교사가 머슴을 구하고 있었고, 김창식은 그 집에 위장취업을 합니다. 김창식은 날마다 예리한 눈으로 선교사의 일거수일투족을 감시합니다. 하지만 선교사의 수상한 행동은 좀처럼 감지되지 않았습니다. 오히려 그 선교사는 정중하고 예의가 바를뿐더러 천한 신분의 자신에게 따뜻한 눈길마저 보내는 것이었습니다. 그는 결국 위장취업 2년 만에 '아이들을 잡아먹는다'는 그 서양 선교사에게 세례를 받게 됩니다.

복음을 접한 김창식은 선교사와 함께, 자신을 바꾼 그 복음을 더 많은 조선 사람들에게 전하기 위해서 평양에 갑니다. 그런데 1894년 여름, 평양에 느닷없는 '기독교인 체포령'이 내려집니다. 그에 따라 김창식도 붙잡혀 투옥됩니다. 그는 "배교하면 풀어주겠다"는 말을 거부한 탓에 심하게 얻어맞고 풀려납니다. 이 사건은 당시 두려움에 떨고 있던 조선의 기독교인들에게 엄청난 용기를 줍니다. 이 일로 인해 김창식은 '조선의 바울'이라는 별명을 얻게 되었습니다.

당시 평양에서 이 사건을 목격한 로제타 셔우드 홀[Rosetta Sherwood Hall, 1865~1951]은 이 사건을 이렇게 회고했습니다.

"관찰사는 교인들을 사형수 감방에 가두고, 마치 다음 날 사형을 시킬 것처럼 겁을 주고는 교인들을 끌어내 배교를 강요하였습니다. 그때 우리 용감한 김창식은 '사람보다 하나님께 순종하는 것이 마땅하다'고 응답하였고, 그로 인해 아주 심한 매를 맞았습니다. 그 무렵 평양 거리는 돌투성이였는데, 감옥에서 나온 직후에 돌 세례를 받으며 가까스로 우리가 있는 곳으로 돌아 왔습니다. 우리는 그의 발밑에도 미치지 못하고 있다는 느낌이 들었습니다. 그처럼 예수님을 위해 목숨을 내놓는 신실한 증인의 모습을 어디서도 찾아 볼 수 없었습니다."

이후 김창식은 목회자 수업을 받은 뒤, 1901년 한국 최초로 목사 안수를 받고 1924년 정년 은퇴할 때까지 영변, 수원, 해주 지방을 돌며 125개 교회를 개척했습니다.

당시 진주에서 있었던 일입니다. 커틀 선교사라는 분이 1905년 진주교회를 개척했습니다. 영남 서부를 대표하는 고을 진주는 영남 동부의 안동에 결코 뒤지지 않는 보수적이고 완고한 고장이었습니다. 신분 차별 철폐운동을 계기로 백정들이 하나 둘 진주교회에 나오기 시작하자 일부 교인들이 반발합니다. "백정 놈들을 이 교회에서 모조리 내보내소." 하지만 커틀 선교사는 양반 교인들의 이 같은 요청을 거절합니다.

1909년 5월 둘째 주일, 열다섯 명의 백정 교인들이 예배당으로 들어오자 교회에는 한바탕 소동이 벌어집니다. 수백 명 교인 중 선교사를 따르던 30여 명을 제외하고는 몽땅 자리를 박차고 나가 버렸습니다. 일반 교인들과 백정 교인들의 분쟁은 결국 49일 만에 백정과 일반 교인이 따로 예배를 드리는 것으로 정리가 됩니다.

하지만 그렇게 끝나고 만 것은 아닙니다. 이 사건은 교회를 넘어

진주 지역에 커다란 파문을 일으킵니다. "하나님 앞에서는 모두가 한 형제입니다." 이런 선교사의 설교를 듣거나 소문을 접한 진주 사람들의 마음속에 의문부호가 한 자락씩 생기기 시작한 겁니다. '백정이 뭐길래?', '소 잡는 것이 그렇게 죄인가?', '백정이 없으면 소고기는 어떻게 먹는단 말인가?'

복음은 그렇게 서울이나 평양뿐만 아니라 영남의 끝자락 고을에까지 번져서 조선 사람들의 굳어진 관습에 서서히 균열을 내고 있었던 것입니다.

이러한 움직임은 1923년 4월 진주에서 시작된 백정들의 신분 해방을 위한 단체인 '형평사(衡平社)' 결성으로도 이어집니다. 선교사를 통해 전해진 복음은 이 땅의 가장 낮고 어두운 곳에 처해 있던 백정들에게도 전해졌고, 복음으로 무장된 그들은 500년간 꿈쩍도 않던 조선 사회를 흔들어 깨우는 엄청난 나팔수가 되었던 것입니다. 복음 전파로 인해 암울했던 조선에 새 날의 여명이 서서히 밝아오고 있었던 것입니다.

03

복음,
조선 여성을
해방시키다

복음이라는 빛이 이 땅에 비치기 전, 조선은 그야말로 어둠이었습니다. 정말 그랬냐고요? 타임머신을 타고 100-120년 전으로 돌아가 봅시다. 집집마다 가난 또는 전염병으로 죽음의 그림자가 드리워져 있습니다. 어느 정도 잘 사는 집은 어떨까요? 본처와 첩 사이의 갈등으로 가정은 행복과는 거리가 한참 멀었을 것입니다. 더군다나 국내 정치의 불안과 주변 열강의 침략이 맞물리면서 불안한 사회 분위기는 가뜩이나 약자인 여성을 더욱 위축되게 만들었습니다. 물론 그 시대를 살았던 사람들은 자신이 지금 그토록 절망적인 상황에 놓여 있다는 것을 깨닫지 못할 수도 있습니다. 왜냐하면 그것은 너무나 익숙한 풍경인 탓입니다.

이랬던 조선 사회가 선교사들에 의해서 새롭게 바뀌고 변화가 시작됩니다. 그리고 선교사들을 통해서 전해진 복음은 여성들의 권리를 되찾아 주었습니다.

선교사들의 눈에 비친 조선

하지만 낯선 선교사들의 눈에는 조선이 달라 보였습니다. 모든 풍경은 상상을 초월하는 것이었습니다. 1886년 미국 북장로교 의료선교사로 내한한 애니 엘러스 벙커Annie Ellers Bunker, 1860-1935는 인천 제물포에서 나귀를 타고 서울에 들어가던 풍경을 이렇게 묘사하고 있습니다.

"여기저기를 둘러보았습니다. 앞뒤로 몸을 흔들며 곡을 하는 모습이 어둠 속에서 희미하게 보였습니다. 이게 다 무슨 일인가! 집은 나지막하고 짚으로 지붕을 올렸으며 돌로 사방을 둘렀습니다. 개천에서는 악취가 나고 좁디좁은 길은 여기저기 흙덩어리로 덮여 있었습니다. 우리가 지금 어디에 와 있는 걸까? 악몽을 꾸고 있는 건 아닐까? … 곡소리가 나는 이유를 묻자 이런 대답이 돌아왔습니다. '콜레라 때문이지요. 마시는 물을 조심하세요!' 문득 움막 같은 집에서 옹기에 담긴 물을 받아 마신 일이 떠올랐습니다!"

1887년 조선 땅을 밟은 프랭클린 올링거는 "지구상 가장 오지, 인간의 손이 닿지 않아 개화되지 않은 땅에 온 듯한 느낌을 받았다"라고 술회했습니다. 1890년에 한국에 온 로제타 셔우드 홀Rosetta Sherwood Hall, 1865-1951은 당시 서울을 보고 이렇게 고백했습니다.

"그들은 모두 머리에서 발끝까지 흰옷을 입고 있어서 마치 그림처럼 보였습니다. 우리는 남자들만 볼 수 있었어요. 여자들은 해가 져서 남자들이 집에 들어온 뒤에야 밖에 나올 수 있습니다. 진기한 풍속입니다."

하지만 그런 열악한 환경에 처해서 죽어가는 조선 사람들을 보며 선교사들의 마음속엔 강한 사명감이 샘솟았습니다. 1897년 의료선교사로 조선을 찾은 마티 잉골드^{Mattie B. Ingold, 1867~1962}는 서울에 첫발을 내딛던 그날 밤에 대해 이렇게 기록했습니다.

"어제 상륙했을 때를 잊을 수가 없다. 짐을 들려고 다투던 순박한 사람들의 얼굴도 잊을 수 없다. 그들은 잔뜩 움츠려 있었다. 이토록 힘없고 불쌍한 사람들을 보니 눈물이 났다. 그리고 하나님이 내게 이런 삶을 허락지 않으신 것, 이곳에 와서 그분의 사랑과 권능을 말하여 이 백성을 축복하고 구원하게 하신 것에 감사드렸다."

조선에서 여성은?

조선의 여성들은 분명 비천한 신분의 백정과는 달랐지만, 단지 여성이라는 이유로 투명인간 취급을 받아야 했습니다. 여자아이들은 학교 들어갈 무렵의 나이가 되면 집안에서 격리된 채 지냈습니다. 단지 여자라는 이유로 학교를 보내지 않은 겁니다. 그리고 열 살이 조금 넘을 무렵이면 결혼을 해야 했습니다. 조혼(早婚), 즉 일찍 결혼하는 풍습 때문이죠. 지금처럼 서른 살이 넘어도 결혼하지 않는 것은 당시 조선 사회에서는 도저히 상상도 할 수 없는 일이었습니다. 뭔가 심각한 결함이 있는 사람 취급을 받았을 겁니다.

결혼 후에도 여성은 투명인간 취급을 받았습니다. '벙어리 3년, 귀머거리 3년, 장님 3년'으로 살면서 '칠거지악(七去之惡)'이라는 악법에 시달리며 남성 중심의 그릇된 결혼제도의 희생양이 되어야 했습니다. 칠거지악이란 남편의 일방적인 의사표시로 아내를 내쫓을 수 있는 이유가 되는 일곱 가지의 허물을 가리킵니다. 즉, 시부모에게 순종하지 아니하는 것(不順舅姑), 자식을 낳지 못하는 것(無子), 행실이 음탕한 것(淫), 질투하는 것(妬), 나쁜 병이 있는 것(惡症), 말이 많은 것(多言), 도둑질을 하는 것(盜)을 말합니다.

또한 여자는 남자와 한상에서 먹는 게 금지되었기에 반드시 남편이나 시댁 식구가 밥상을 물린 다음에 그 남은 음식으로 식사를 해야 했습니다. 이렇게 힘겨운 결혼생활을 이어가다가도 남편이 죽으면 더 큰 난관이 찾아왔습니다. 무려 3년간이나 상복을 입고 남편을 기려야 했던 겁니다. 그게 끝이 아닙니다. 과부가 된 여성은 남자의 도둑질 대상이었습니다. 밤에 몰래 침입해서 데리고 가면, 그 길로 그 남자의 여자가 되는 것이었습니다. 이른바 '보쌈'이라고 하는 약탈혼이 합법화되어 있었기 때문이죠. 여성은 또한 남편이나 시부모를 평생 봉양하는 게 도리였던 만큼 온갖 가사(家事)가 따라붙었습니다. 세탁기, 냉장고, 식기세척기 같은 것들이 있는 지금으로서는 상상도 할 수 없는 중노동이 바로 당시의 가사였습니다.

언더우드^{Horace Grant Underwood, 1859-1916} 선교사의 부인 릴리어스 호튼 언더우드^{Lillias Horton Underwood, 1851-1921}는 당시 조선 여성에 대해 이렇게 묘사하고 있습니다.

"한국 여성들은 매력적이지 않습니다. 그들을 자매로 여기는 나조차도 이게 솔직한 심정입니다. 슬픔, 절망, 고된 일, 질병, 무정함, 무시, 수치심이 이들의 눈을 흐리게 하고 얼굴을 굳게 하고 주름지게 했습니다. 스물다섯 살 된 여성에게서도 아름다움 비슷한 것도 찾아보기 힘들 지경입니다."

심지어 서른 나이의 여성이 마치 50세 할머니처럼 보였고, 보통 40세 정도가 되면 치아가 빠졌다고도 합니다. 무엇이 조선 여성들을 이렇게 만들었던 것일까요? 물론 당시 평균 수명이 40-50세였던 점을 감안하면 남성도 예외일 수는 없습니다. 가난으로 인한 부족한 영양에다가 온갖 질병의 창궐, 막중한 농사일과 가사, 거기다 억압된 사회 분위기가 생명을 훨씬 단축시켰을 거라는 건 어렵지 않게 짐작할 수 있습니다. 그중에서도 당시 조선의 여성들을 옥죄던 것은 '조혼'과 '축첩'이라는 사회제도라고 할 수 있습니다.

당시 조선의 사대부집 여자들은 그나마 이름이 있었지만, 여성들은 '이름 없는 사람들'이었습니다. 일반 가정집 여자들은 이름 대신 'OO네 셋째 딸', '감나무집 큰딸' 등으로 불렸습니다. 결혼을 하면 출신 동네를 붙여 'OO댁' 이렇게 부르는 게 곧 이름이었습니다.

조혼은 지금의 시각으로 보면 말도 안 되는 제도입니다. 여자는 그야말로 빨리 결혼해서 일을 시키거나 애를 낳아 기르는 도구 정도로밖에 인식되지 않았으니까요. 여성의 조혼제도는 선교사들이 이화학당 같은 여학교를 세웠을 때, 큰 난관에 부딪힌 원인이 되기도 했습니다. 겨우 부모를 설득해 학교에 데려와도 1-2년 지나면 결혼 때문에 학업을 중단하는 게 다반사였기 때문입니다.

당시 조선 사회에서 첩은 일종의 재산으로 인식되었습니다. 따라서 도덕의 잣대로 첩제도를 평가하는 이는 없었습니다. 관리(공무원)는 물론 교사, 학생마저도 첩을 두고 있었을 정도니까요. '첩=재산'이란 인식은 첩이 한 명이 아니라 서너 명에서 예닐곱 명까지 거닐었다는 얘기이기도 합니다. 첩을 많이 갖는 것은, 곧 능력 있는 남자의 상징이었습니다.

선교사들, 축첩제도에 메스를 들이대다

이런 축첩제도에 대해 가장 먼저 메스를 들이댄 사람들이 바로 선교사들입니다. 1895년 감리교 연례회의(총회)에서 오랜 논의 끝에 선교사들이 앞장서서 축첩을 하고 있는 예비신자 한 사람을 받아들이지 않기로 결의한 것입니다. 반면, 장로교 측은 좀 더 이 문제를 연구하고 토론하기로 하고 처리를 미루게 됩니다. 사실상 거대한 사회적 장벽을 뛰어넘지 못한 것입니다. 감리교회인 상동교회의 상동청년학원에서 1906년에 발간한 『가정 잡지』엔 다음과 같은 글이 실려 있습니다. 좀 길지만 천천히 읽어 보시기 바랍니다.

"우리나라는 여인을 낮게 아는 까닭으로 천리(天理)까지 잘못 알았도다. 그러한즉 여인을 낮게 대접하는 것이 사회상이나 가정 상에 아무 폐단도 없는가? 폐단이 많이 있으니 잠깐 그 폐단을 말씀하오리다. 남자는 높고 여자는 낮은 줄 아는 풍속으로 인하여 생긴 폐단을 말씀하려면 이로 다 셀 수 없으나 그중에 제일 큰 폐단을 말하면 두서너 가지 있으니 아래 기록한 것과 같도다. 첫째는, 첩 두는 폐단이니 당초에 하늘과 땅이 마련되고 만물이 생긴 중에 사람은 제일 신령한 영혼을 타서 한 사나이와 한 여인이 생겨서 배필이 되었으니 세상 사람이 다 한 남편과 한 여인이 부부 됨이 천리에 합당하니, 여인이 두 남편을 두는 것도 옳지 않고 사나이가 두 계집 두는 것이 옳지 아니하거늘, 우리나라는 여인을 낮게 아는 까닭으로 여인이 남편을 두셋을 두면 큰 변으로 알고 남편이 죽어 과부가 되어도 개가도 못하게 하되, 사나이는 장가든 후에 의례히 첩 두기를 시작하여 칠팔 명씩 첩을 두는 사람이 흔히 있고, 지금 세상에는 첩을 두지 아니한 사람은 몇 명이 없어 첩을 아니 두는 사람은 사나이가 아니라 하여 못생긴 사람으로 돌리니 첩을 두는 까닭으로 패가망신하는 사람이 많이 있고 불화하여 그 집이 망하고야 말고, 첩의 소생으로 난 자식은 입명이라 지목하여 선천과 후천을 가리는 폐단이 우리나라에 어떠하였느뇨?"

어떻습니까? 그 당시 우리나라 여성들의 현실을 가감 없이 보여 주는 글이 아닐까 생각합니다. 단지 여성이라는 이유로 엄청난 사회적 차별을 감내해야 하는 세상, 또 그러한 차별을 당연시 여기는 세상, 그것이 바로 100년, 120년 전 우리 사회의 모습이었습니다.

축첩은 이듬해 원산, 평양 일대로 번진 대부흥운동에서 교인들이 가장 많이 회개한 죄목이기도 했습니다. 그만큼 만연해 있었다는 뜻입니다.

여성은 교육받을 권리도 없었습니다. 여성이 교육을 받으면 혼삿 길이 막히는 것은 물론 집안이 망한다고 생각했기 때문이죠. 그래 서 여성들은 귀동냥으로 글을 익히든지 아니면 남장을 하고 서당을 다니는 경우도 종종 있었습니다.

최초의 여성 의사이자 최초의 여성 과학자 '김점동'

이런 암흑 같은 조선 사회에서 드디어 몇몇 여성들이 두각을 나 타내기 시작합니다. 그야말로 별과 같은 존재들이라고 할 수 있죠. 그중 한 사람이 김점동입니다. 김점동은 이화학당 출신으로 그녀에 겐 '최초의 여의사'라는 타이틀이 따라붙습니다. 남편 박유산의 성 과 세례명 '에스더' 때문에 '박에스더'로 더 많이 알려져 있죠. 1894 년 로제타 셔우드 홀 선교사를 따라 미국으로 건너가 볼티모어 여 자의과대학(현 존스홉킨스 대학교)에서 유학한 뒤, 1900년 10월 조선 에 귀국해 의사로서 활발한 활동을 벌입니다. 우리나라 최초의 신 학잡지 『신학월보』 창간호인 1900년 12월 호엔 다음과 같은 그녀 의 귀국 기사가 실려 있습니다.

"부인 의학박사 환국하심. 박유산 씨 부인은 6년 전 이화학당을 졸업한 사람인데, 내외가 부인 의사 로제타 셔우드 홀 씨를 모시고 미국까지 가셨더니 공부를 잘하시고 영어를 족히 배울뿐더러 그 부인이 의학교에서 공부하여 의학사 졸업장을 받고 지난 10월에 대한에 환국하였다. (중략) 미국에 가셔서 견문과 학식이 넉넉하심에 우리 대한의 부녀들을 많이 건져내시기를 바라오며 또 대한에 이러한 부인이 처음 있게 됨을 치하하노라."

최초의 여의사인 그녀에 대한 기대가 얼마나 컸는지를 단적으로 보여주고 있는 것이죠. 김점동은 1877년 서울에서 김홍택의 셋째 딸로 태어났습니다. 김홍택의 집은 아펜젤러^{Henry Gerhard Appenzeller, 1858-1902}를 비롯한 감리교 선교사들의 사택 근처였습니다. 이 때문에 김홍택은 선교사들에게 고용돼 일찍이 서양 문물에 눈을 뜨고 있었죠. 김홍택은 조선의 여학생들을 위해 1885년에 설립된 이화학당 얘기를 듣고 자신의 네 딸 중 비교적 총기가 있었던 셋째 딸 김점동을 입학시킨 것입니다.

이화학당을 설립한 윌리엄 스크랜턴^{William Benton Scranton, 1856-1922}은 주로 버려진 아이, 가난한 아이들을 데려다 공부를 시킨 분으로 유명했습니다. 열 살 난 김점동은 네 번째 입학생으로 이화학당을 다니게 됩니다. 당시 이화학당은 지금의 이화여대와 달리 어린 여학생들을 대상으로 뜨개질이며 옷 만드는 일 등 주로 가사와 관련된 걸 가르쳤습니다.

당시만 해도 조선 사람들 사이에서는 "서양 선교사들이 조선 아이들을 잡아먹는다. 조선 아이들의 눈알을 빼 삶아 먹는다"는 흉흉한 소문이 만연해 있던 때입니다. 서양 선교사가 운영하는 학교에 다니는 딸이나, 딸을 보낸 부모나 불안하고 두렵긴 매한가지였을 겁니다. 김점동이 어느 날 스크랜턴이 자신에게 다가오자 '저 여자가 드디어 나를 삶아 먹으려나 보다'라고 생각했다고 하니, 그 두려움이 어느 정도였을지 짐작할 수 있겠죠?

김점동은 열다섯 살이던 1891년에 세례를 받고, 자신에게 주어진 세례명 '에스더'로 평생 불렸습니다. 열일곱 살에 로제타 홀의 남편 윌리엄 홀^{William James Holly 1860-1894}의 조수로 있던 아홉 살 연상의 박유산과 결혼을 합니다. 그리고 로제타 홀과 함께 미국으로 건너가 고등학교 과정을 밟은 뒤 1896년 10월 볼티모어 여자의과대학에 입학합니다. 그러나 졸업을 불과 몇 주 앞두고는 오랫동안 폐결핵을 앓고 있던 남편을 먼저 떠나보내는 커다란 아픔을 겪습니다. 그럼에도 그녀는 끝까지 학업을 포기하지 않았고, 마침내 1900년 6월 의대 졸업장을 받습니다.

그리고 귀국합니다. 1903년엔 셔우드 홀이 죽은 남편을 기념하여 평양에 기홀(紀忽)병원을 세우자, 김점동은 거기로 자리를 옮겨 헌신적으로 환자들을 돌봅니다. 평양을 기반으로 해서 틈만 나면 황해도, 평안도 벽촌으로 진료를 다녔습니다. 10개월 동안 무려 3천 명 이상의 환자들을 돌봤다고 하니, 얼마나 헌신적으로 의사로서의 직분을 다했는지 알 수 있죠. 심지어 엄동설한에도 당나귀가 끄는 썰매를 타고 환자를 찾았다고 합니다. 그녀의 인술(仁術)과 수

술을 통한 치료가 입소문이 나면서 '귀신이 재주를 피운다'는 말이 나돌기도 했습니다. 또한 인공관을 이용해 방광 질병을 치료하는 등 의료기술 보급에도 앞장섰습니다. 고종은 1909년 4월, 그런 김점동의 헌신적인 노력을 치하하며 은장을 수여하기도 했습니다. 하지만 과중한 업무 때문이었는지 폐결핵에 걸린 김점동은 1910년 4월 13일, 불과 서른다섯 살의 젊은 나이에 생을 마감하고 맙니다.

국립과천과학관 중앙홀 입구에 있는 '과학기술인 명예의 전당'엔 우리나라 역사에서 과학기술자로 큰 업적을 남긴 33명의 위인이 새겨져 있습니다. 그중 단 한 명의 여성이 바로 '김점동'입니다. 거기에는 김점동을 이렇게 소개하고 있습니다.

"김점동은 무료진료를 베풀고 맹아학교와 간호학교 설립에 기여한 우리나라 최초의 여성 의사이자 여성 과학자이다. 그는 미국 선교사이자 여의사인 셔우드의 통역을 맡아 진료를 돕다 의사가 되기로 결심했으며, 미국 볼티모어 여자의학교에서 의학을 공부했다. 귀국해서는 우리나라 최초의 여성전문병원 보구여관과 평양의 기홀병원에서 여성 환자를 대상으로 활발한 진료 활동을 펼쳤으며, 황해도와 평안도 등을 순회하면서 무료진료 활동도 했다. 김점동은 한국인으로 초창기 서양의 과학적 의학을 제대로 공부한 선구자였으며, 특히 여성으로서 그런 일을 해낸 여걸이었다."

김세지, 여성 사회참여의 길을 열다

김점동이 여자 의사로서 두각을 나타냈다면, 김세지는 사회 활동으로 두각을 나타낸 여성입니다. 애국부인회. 1919년 6월, 북장로교 여신도와 감리교 여신도가 중심이 돼 평양에서 조직한 단체입니다. 당시 상해에 있던 대한민국 임시정부를 위해 군자금을 모금하고, 국내의 독립의식을 고취하기 위한 조직이었습니다. 회원이 100명을 넘었고, 전도부인(전도사)을 비롯해 상당수 여성 기독교인들이 중심을 이루고 있었습니다.

거기서 재무부 부부장 직책을 맡고 있었던 여인이 김세지입니다. 그녀는 당시 여성들의 사회참여의 표상 같은 인물이라고 할 수 있습니다. 1865년 10월 평안남도 평원군 영유읍에서 딸만 넷 있는 집안에 막내로 출생하여 열여섯 살에 정씨 성을 가진 남자와 결혼했으나 2년 만에 남편과 사별하고, 5년을 홀로 지내다가 1888년에 김종겸과 재혼을 합니다. 그리고 1896년 감리교 선교사 노블에게 세례를 받고 그때부터 '셰듸(Sadie)'라는 세례명을 얻습니다. 3년 뒤엔 전도부인으로 채용돼 전국을 돌며 전도 활동을 벌입니다.

그녀가 복음을 받아들인 배경을 보면, 당시 시대상과 여성상이 엿보이는데요. 관료 출신의 김종겸은 당시 재산도 많고 학식을 겸비한 선비였습니다. 거기다 사상도 개화되어 있었고요. 윌리엄 홀이 평양에 문을 연 예수교학교에 전처소생의 두 딸을 입학시켰을 정도니까요. 김종겸은 일찍이 홀 선교사를 통해 복음을 접한 친척의 권유를 받았지만, "관청에 출입하는 사람이 종교를 가질 수 있겠는가" 하며 거절합니다. 그러자 그 친척은 김종겸의 부인에게 전도했고, 부인에게 "만일 나의 말한 대로 예수 씨를 믿으면 집안이 평안할 것이요, 남편은 주색잡기를 버리고 살림을 힘써 하여 내외간 화순하게 되리이다"는 말을 듣고 선뜻 교회에 따라 나가기 시작했다. 남편 김종겸은 당시 남자들이 그렇듯 외도에 빠져 있었던 것이죠. 하지만 남편은 교회에 다녀오던 부인을 구타하고 감금합니다. 심지어 외도 습관은 전혀 나아질 기미를 보이지 않았습니다. 하지만 김세지는 굴하지 않고 남편의 구원을 위해 기도합니다. 마침내 남편 김종겸도 동학농민혁명과 청일전쟁 등 어지러운 정국이 계속되자 '야소'를 받아들입니다. 그리고 김세지는 1896년 10월 노블 선교사에게 세례를 받습니다. 그 세례와 함께 그녀에겐 처음으로 이름이 주어집니다. 세례명 '셰듸(Sadie)'. 그때의 감격을 김세지는 이렇게 말하고 있습니다.

"나의 이름은 그의 부인이 지어 준 것인데 오랫동안 이름이 없이 살던 나는 주의 은혜를 힘입어 세례 받던 날로부터 여자 된 권리 중에 한 가지를 찾게 되었습니다. 이로 보면 조선 여자의 해방은 우리 그리스도교로부터 시작되었다고 할 만합니다."

전도부인이 된 김세지는 헌신적으로 가정을 심방하고, 초상집을 찾아가 직접 시체를 염해주며 전도했습니다. 그중에서도 과부나 기생, 무당, 고아 등 주로 여성들을 찾아다녔습니다. 선교사 보고에 따르면 김세지는 매년 2, 3천 회의 가정 방문을 했고, 매년 30여 명의 새신자를 전도했다고 합니다.

무엇보다 여성운동이나 민족사적으로 김세지를 주목하는 것은 그녀가 보여준 여성조직 활동 때문입니다. 그녀는 신앙생활을 하면 할수록 교회 내 여성조직의 필요성을 절감했습니다. 마침내 노블 부인의 승낙을 얻어 평양 남산현교회에서 1903년에 보호여회를 조직합니다. 일종의 여선교회라고 할 수 있죠. 여성에 의한 전도와 선교도 목적이었지만, 여성의 자기 개발과 각종 구제 활동을 위한 것이기도 했습니다. 여기서 거둔 회비로 전도부인을 파견하거나 만주에 선교사를 파송하기도 하죠. 김세지는 또 1916년엔 교회 내 과부들을 위한 '과부회' 조직도 만듭니다. 과부의 자립과 구제를 위한 것이죠. 보호여회나 과부회는 여성이 주체적, 자급적, 자립적인 존재임을 대내외에 선포한 것이라 할 수 있습니다. 이런 활동으로 김세지는 당시 평양의 교계 여성 지도자로서 뿐만 아니라 일반 여성 지도자로서도 두각을 나타내기 시작합니다. 그녀가 3·1운동 직후 결성된 애국부인회 조직에 임원으로 참여하게 된 배경이기도 합니다.

이처럼 여성은 제대로 된 인간 취급을 받을 수 없었던 조선 말 대한민국 초기, 김점동과 김세지는 여성운동 차원에서만 아니라 민족적 차원에서도 역사를 견인하고 있었습니다. 그리고 대한민국의 새벽은 조금씩 밝아오고 있었습니다.

기독교 평등사상이 여성 차별 풍습을 철폐하다

강준민은 저서『한국 근대사 산책 3: 아관파천에서 하와이 이민까지』에서 신복룡의 말을 인용하며 다음과 같이 말합니다.

"기독교가 우리에게 끼친 가장 큰 공헌은 그것이 한국의 민권의식을 높이는 데에 공헌했다는 사실이다. 본질적으로 한국 사상에는 평등의 개념이 없다. 유교적 애민사상과 불교적 자비가 있으나 이것은 평등의 유사 개념이지 동일 개념은 아니다. 한국의 개화 운동이 시대적으로 기독교의 전래와 때를 같이 하고 있다는 사실은 결코 우연이 아니다. 기독교의 평등사상을 통해 가장 큰 혜택을 본 계층은 여성이었다. 기독교가 전파되기 이전의 한국은 여성으로서는 저주받은 땅이었으며 그들의 삶은 비참했다. 보쌈이라는 약탈혼, 축첩, 종부(씨받이), 기처(棄妻), 은둔, 학대, 전(錢, 여자는 남자와 겸상을 하지 못하고 남자가 물린 상에서 음식을 먹는 풍습) 등의 풍습이 서서히 무너지기 시작한 것은 기독교가 자리 잡기 시작한 1880년대부터였다."

게일[James. S. Gale]은『전환기의 조선(Korea in Transition)』(집문당, 1999)이란 책에서 비숍의 말을 인용하며 다음과 같이 말합니다.

"여성에게 가정의 행복 같은 것은 찾아볼 수도 없다. 한국인들에게 집(house)은 있어도 가정(home)은 없다. 남편은 가정과는 동떨어진 나름대로의 삶이 있다. 남자는 우정이라든가 바깥나들이 같은 것을 집안에 알릴 필요도 없다.

즐거움이라면 남자 친구들이나 기생들과 어울리는 것이며, 결혼 관계란 양반들의 다음과 같은 대화로써 간단히 요약될 수 있다. '장가야 마누라에게 갔지만 재미야 소실만한가!'"

게일은 또 다음과 같이 말합니다.

"내가 아는 한 한국 여성은 다음과 같이 말했다. '내가 예수를 믿기 전까지만 해도 남편과 같은 방에서 밥을 먹는다는 것은 알지도 못했지요. 남편은 사랑채에서 식사를 했고 나는 부엌 바닥에서 먹었으니까요. 그는 하인들 사이에서나 오고 가는 말투로 내게 말했으며 모욕적인 이름으로 부르는 일이 흔했습니다. 화가 나거나 술이 취하면 두들겨 패는 것이 일쑤여서 그리스도를 믿지 않는 여염집 아낙네와 마찬가지로 비참한 것이었습니다. 그러나 그리스도를 내 마음속에 받아들인 후 모든 것이 바뀌었습니다. 남편이 예수를 믿은 후에는 저를 때리는 일도 없어요. 우리는 사랑채에서 함께 식사하고 함께 기도하며, 내게 대한 말씨도 친절해졌고, 서로 대등한 위치에서 대화를 나눕니다. 지난날은 참으로 악몽 같았어요. 오늘날에는 하늘나라에서 사는 맛이에요.'"

복음은 여성들이 마땅히 누려야할 권리를 되찾게 해주었습니다. 여성의 곡소리가 줄어든 만큼 우리 사회는 본연의 자리로 돌아간 것이라고 할 수 있겠지요. 그런데 그로부터 100년이 지난 지금, 우리 사회는 아직도 여성에 대한 차별이 남아 있는 것 같습니다. 무엇 때문일까요? 복음이 복음으로써의 역할을 제대로 못하고 있어서 일까요?

04

누가
나환자의 손을
잡아 줄까?

'한센병', 말초신경이 점점 파괴돼 감각을 잃고, 손과 발, 얼굴이 짓뭉개지는 병입니다. 한때 우리나라에서는 살이 썩어 문드러진다고 해서 문둥병이라고 불렀고, 이 병에 걸린 사람을 얕잡아 일컬어 문둥이라고 했습니다. 성경에도 자주 등장하는 병이죠. 성경에는 문둥병(leprosy), 문둥이(leper)라고 분명히 기록하고 있죠. 바리새인으로 문둥이였던 시몬도, 마리아와 마르다의 오빠로 죽었다가 살아난 나사로도 모두 문둥이로 예루살렘 근방의 베다니 마을에 살았습니다. 이 때문에 베다니를 나환자촌이라고 주장하는 사람도 있습니다.

　한센병은 보통 나병(癩病)이라고 합니다. 1873년 노르웨이 의사 한센^{Gerhard A. Hansen, 1841-1912}이 나균을 발견하면서 한센병이라 부르기 시작했죠. 한센병은 흔히 주로 아시아나 아프리카, 남아메리카의 습한 열대 기후에 속한 지역에서 많이 발생하는 것으로 알려져 있습니다. 현재 전 세계적으로 한센병 환자 수가 2백만 명쯤 되는 것으로 보고되고 있지만, 통계에 잡히지 않은 환자들을 포함하면 실제 감염자 수가 천만 명이 넘는다는 말도 있습니다.

문둥병, 나병, 천포창으로 불리는 '한센병'

우리나라에서는 고려 시대에 천포창(天泡瘡) 등으로 불렸고, 조선 시대에 와서 비로소 '나병'이란 병명이 붙었습니다. 나환자는 정부에서 도별로 엄한 격리 조치를 실시했습니다. 사람들에게 전염된다는 인식 때문이기도 했고, 사람 이하 취급을 했기 때문이기도 하죠. 하지만 민간에서는 나환자가 생기면 무당을 불러다가 굿을 하거나 사람의 장기를 먹이는 일까지 빈번히 발생했습니다. 그래야만 낫는다고 생각했던 것입니다. 어쨌든 나병은 곧 천형(天刑)을 의미했고, 그것은 곧 가족 및 지역 공동체부터의 격리 내지는 퇴출을 의미했습니다.

한센병에 대한 그런 인식은 비교적 현대에 와서도 달라지지 않았습니다. '문둥이 시인'으로 유명한 한하운은 1949년에 발표한 '소록도로 가는 길에'란 부제가 붙은 「全羅道(전라도)길」이란 시에서 문둥이(나환자)의 한 맺힌 삶을 다음과 같이 노래하고 있습니다. 아마 본인이 나환자였기에 이런 절절한 시구가 나올 수 있었다고 봐야겠죠.

가도 가도 붉은 황톳길 / 숨막히는 더위뿐이더라. // 낯선 친구 만나면 / 우리들 문둥이끼리 반갑다. // 천안 삼거리를 지나도 / 쑤세미 같은 해는 서산에 남는데. // 가도 가도 붉은 황톳길 / 숨막히는 더위 속으로 쩔름거리며 / 가는 길… // 신을 벗으면 / 버드나무 밑에서 지까다비를 벗으면 / 발가락이 또 한 개 없다. // 앞으로 남은 두 개의 발가락이 잘릴 때까지 / 가도 가도 천리, 먼 전라도 길.

1970년대, 당시 농촌에 살던 아이들은 가끔씩 찾아오는 나환자들로 인해 공포에 떨던 기억이 있습니다. 잘려나간 손대신 쇠갈고리를 내밀 때면 아이들은 혼비백산 도망을 치곤했지요. 이들은 농촌마을을 다니며 쌀이나 곡식을 받아 가곤 했는데, 아마도 1960년대 박정희 정권이 전국의 한센인 수용시설을 없애고 정착촌으로 내보내면서 벌어진 과도기적인 일이었던 것으로 보입니다. 그러니까 수용시설에서 나와 정착촌을 건설할 때까지의 공백을 그렇게 떠돌이 동냥을 하며 생활했던 것이지요.

1910년 한국에 한센병 환자는 약 2만 명이었다는 기록이 있습니다. 그러다 1980년도엔 2만 7,964명, 1990년도엔 2만 3,833명이었다가 2017년의 경우 활동성 환자를 포함한 관리 대상은 1만 33명으로 줄어듭니다. 보건 당국은 활동성 환자의 경우 향후 5년 후에, 관리 대상자는 향후 20년 후에 완전히 사라질 거라고 예상하고 있습니다. 한센병 치료를 위한 현대식 병원이 도입되기 시작한 지 100년이 넘어서야 이 땅에 한센병이 완전히 사라질 상황을 맞이하게 된 것입니다.

나환자 병원, 전쟁고아 진료 …
호주 선교사들의 대를 이은 한국 사랑

공포의 대상이자 미신적 주술의 대상이던 나환자들을 위해 최초로 조선에 서구식 나병원이 도입된 건, 1900년대 초에 이 땅에 들어온 선교사들에 의해 섭니다. 당시 나병원 밀집 지역은 주로 영남과 호남 지역이었는데요, 나환자들을 대상으로 한 선교사들의 의료 사역도 부산, 대구, 광주에 집중됐습니다.

부산에서는 미국 북장로교 의료선교사인 찰스 어빈Charles H. Irvin, 1862-1935이 1910년에 영국 구라(求癩)선교회의 지원을 받아 나병원을 설립했는데요, 1912년에 선교사인 제임스 매켄지James Noble Mackenzie, 1865-1956가 이곳 나환자병원 원장으로 취임하면서 병원 이름을 상애원으로 명명하고 은퇴할 때까지 27년간 나환자들을 돌봅니다.

1910년 2월에 한국에 들어온 매켄지 선교사는 간호사였던 부인 메리 켈리Mary Kelly, 1880-1964와 함께 1910년부터 1939년까지 주로 부산을 중심으로 나환자 돌봄과 목회 사역을 헌신적으로 펼쳤습니다. 나환자들을 대상으로 한 의료 사역은 처음에는 20명으로 시작했으나, 나병원 설립년부터 1928년까지 18년 동안 무려 4,260명의 나환자들을 수용하고 치료했다는 기록이 있습니다. 또한 매켄지는 환자들이 인간다운 삶을 영위할 수 있도록 생활 여건을 개선하는 한편, 다양한 치료법을 연구 개발하여 나환자 사망률을 25%에서 2%로 감소시켰다고 합니다.

매켄지 부부의 두 딸인 헬렌 매켄지^{Helen P. Mackenzie, 1913-2009, 한국명 매혜란}와 캐서린 매켄지^{Catherine Mackenzie, 1915-2005, 한국명 매혜영}는 1913년 부산에서 태어나 1931년 평양외국인고등학교를 거쳐 호주에서 의대를 졸업한 뒤, 의사와 간호사가 되어 한국으로 돌아옵니다. 부모를 이어 한국 사람들을 치료하고 섬기기 위해서죠. 매켄지 선교사 가족은 1938년 2월 18일 일제에 의해 쫓겨났지만, 두 딸은 한국전쟁이 한창이던 1952년에 다시 부산으로 돌아와 좌천동에 일신기독병원의 전신인 일신부인병원을 설립하고, 은퇴할 때까지 일평생을 한국에서 헌신합니다.

지금도 병원 홈페이지엔 일신기독병원의 설립 목적을 다음과 같이 밝히고 있습니다.

> 그리스도의 명령과 본을 따라 그 정신으로 운영하며, 불우한 환자들의 영혼을 구원하고 육체적 고통을 덜어줌으로써 그리스도의 봉사와 박애의 정신을 구현한다.

매켄지 선교사 부부와 두 딸의 숭고한 신앙심과 한국인에 대한 깊은 사랑이 그대로 드러나는 대목입니다.

여수 애양원과 부산 상애원에 이어 한국에서 세 번째로 설립된 나병원이 대구의 애락원입니다. 대구 애락원은 1913년 3월 1일, 미국 북장로회 선교사인 아치볼드 그레이 플레처^{Archibald Gray Fletcher, 1882-1970}가 초가집을 구입해 환자 20여 명을 수용하면서 출발합니다.

1882년 캐나다에서 태어난 플레처는 공과대학을 졸업하고 의학을 공부한 후, 27세의 나이로 평북 선천에서 활동한 의료 선교사입니다. 그는 1910년 대구 제중병원(현 동산의료원) 원장으로 부임했지만, 대구 거리에 나환자들이 많은 걸 보고 그들을 대상으로 진료를 시작합니다. 그러나 그도 많은 다른 선교사들처럼 1942년 일제에 의해 강제 출국을 당하지만, 해방과 함께 다시 귀국해 나환자를 대상으로 한 사역을 이어갔습니다.

대구 애락원은 1949년에만 1,750명의 환자를 수용했을 정도로 성장을 거듭했지만, 1980년대 들어 환자 수가 급감하면서 지금은 일반 병원으로 바뀌었습니다. 한편 그는 경북 지역에 200개 정도의 교회를 세울 정도로 복음 전파에도 전력을 기울인 분으로 알려져 있습니다. 어쩌면 경상도의 한 시골 마을에 있는 허름한 교회가 그렇게 해서 세워진 것일 수도 있겠지요.

나환자를 위한 헌신, 여수 애양원의 씨앗이 되다

영호남 지역에서 가장 오래된 나환자 병원은 여수 애양원이라 할 수 있습니다. 애양원에 얽힌 감동적인 이야기도 참 많은데요. 여수 애양원은 1909년 광주에서 시작됐습니다. 미국 선교사가 우연히 길가에 버려진 여성 나환자를 발견하여 극진히 치료했던 게 오늘날 애양원으로 발전한 것입니다.

당시 광주 제중병원장이던 미국 남장로회 선교사 로버트 윌슨Robert M. Wilson, 1880-1963이 광주 나병원을 설립한 것입니다. 하지만 광주 나병원 설립 배경이나 계기에는 윌슨 외에도 오웬, 포사이드 등 두 명의 선교사가 더 관련돼 있습니다. 윌슨 선교사는 1905년 5월 워싱턴 대학 의학과를 졸업했습니다. 그는 의대 재학 시절, 중국 난징 신학교 교수이자 나중에 옌칭 대학 초대 총장과 주중 대사를 역임한 존 레이튼 스튜어트John Leighton Stuart, 1876-1962로부터 "한 번도 의사를 만나본 적이 없는 수백만의 중국인을 어떻게 할 것인가?"란 연설을 접하고 중국 의료선교를 자원합니다.

대학 졸업 후엔 여성 병원과 철도회사 주치의를 거쳐 1907년 선교사로 한국에 부임해 1월부터 광주에서 사역하기 시작합니다. 그는 전문 의료인이었기 때문에 목회 사역보다는 광주 제중병원의 의료 사역에 매진했습니다. 중국 선교사로 지원했던 그가 한국 선교사로 오게 된 건 클레멘트 오웬Clement C. Owen, 1867-1909 선교사 때문이었는데요, 광주 제중병원 소속이던 오웬 선교사가 남장로회 선교본부에 의사 충원을 요청함에 따라 윌슨의 선교지가 바뀌게 된 겁니다.

오웬 선교사는 1867년 7월 미국 버지니아주 출생으로 햄튼 시드니 대학(Hampden-Sydney College, VA)을 졸업한 뒤 유니온 신학교에서 신학을 공부하고, 스코틀랜드로 유학을 떠났습니다. 해외 선교지에서는 무엇보다 의술이 필요하다는 판단하에 1896년 버지니아에서 의학 석사 학위를 취득한 후, 1898년 11월 5일 미국 남장로교 의료 선교사로 내한했습니다. 이듬해인 1899년에 전남 최초의 서양 의료 진료소인 목포진료소를 개설하는데요, 나중엔 의료 사역보다는 복음전도 사역에 집중하지요. 목포를 비롯해 광주, 나주에 선교부를 세웠는데, 특히 순천 지역에만 40여 개의 교회를 세웠습니다.

포사이드Willey H. Forsythe, 1873-1918 선교사는 1873년 12월 25일 미국 켄터키 주에서 태어나 프린스턴 의과대학 재학 시절 무디 부흥운동의 영향을 받고 졸업 후 쿠바 군의관을 거쳐 1904년 8월 10일 미국 남장로교 선교사로 내한합니다. 전주 선교부 소속으로 전주예수병원 의사로 사역하던 그는 한 마을에서 무장괴한에게 습격당한 사람을 치료해 달라는 부탁을 받았습니다. 밤늦게까지 환자를 치료하고 그 집에 머물던 중 그 역시 무장괴한한테 습격을 당해 두개골이 깨지고 온몸에 상처를 입어 거의 죽게 되었는데요. 급히 군산으로 옮겨 치료를 받았지만 상처가 깊어져 결국 미국으로 건너가 치료를 받아야 했습니다. 회복한 포사이드는 이듬해인 1907년 다시 목포 선교부로 부임합니다. 그렇게 사역을 해나가던 1909년 4월, 광주의 윌슨 선교사로부터 급한 전갈이 왔습니다. 오웬 선교사가 열병으로 위독하니 급히 와서 치료해 달라는 거였습니다. 목포에서 광주까지는 100km, 지금이야 차로 2시간이면 충분히 가지만 당시의 빠른 교통수단이래야 조랑말이 전부였습니다. 들판과 산을 넘어 이제 20km 정도면 목적지엔 광주에 도착할 상황이었습니다. 그런데, 길가에 웬 사람 같은 물체가 쓰러져 있는 거였습니다! 포사이드는 말을 멈춘 채 다가가 살펴봤습니다. 다름 아닌 여자 환자였는데 머리카락은 온통 떡져 있고, 냄새는 코를 찔렀습니다. 거기다 손가락과 발가락은 퉁퉁 부은 채 문드러져 있었습니다. 한눈에 나환자임을 알아볼 수 있었습니다. 비록 동료 선교사가 위독하긴 하지만 길거리에서 죽어가는 나환자를 이대로 버리고 갈 순 없었습니다. 포사이드는 그 나환자를 말에 태우고 자기는 말을 끌며 겨우 광주에 도착할 수 있었습니다.

하지만 위독한 상태에 있던 오웬 선교사는 이미 자택에서 숨을 거둔 뒤였습니다. 한시라도 시급한 상황에서 포사이드는 웬 누더기 차림의 여자를 말에 태운 채 터덜터덜 걸어오고 있었던 것이었습니다. 포사이드를 애타게 기다렸을 윌슨 선교사와 오웬 선교사의 부인 등 동료 선교사들은 이 광경을 보고 어떤 심정이었을까요? 오웬 부인은 당시의 목격담을 1909년 8월 *The Missionary* 지에 게재했는데요, 다음과 같은 내용입니다.

"그녀의 머리칼은 수개월, 아니 몇 년은 빗지 않은 듯했다. 옷은 넝마 조각처럼 더러웠고, 손과 발은 퉁퉁 부어 있었고, 상처투성이였다. 모든 게 견딜 수 없는 악취를 풍겼다. 발 한쪽엔 짚신이, 다른 발에는 두꺼운 종잇조각으로 덮여 있었다. 그녀는 걸을 때마다 절뚝거렸다."

오웬 부인의 목격담에 의하면, 그 나환자 여인은 무려 10년 동안이나 나병을 앓아 왔고, 수년 전엔 남편마저 죽는 바람에 문전걸식으로 연명해 오고 있었다고 합니다.

나는 이 대목에서 왜 당시 조선이 처한 모습이 자꾸 오버랩 되는지 모르겠습니다. 주변 강대국들에 의해 철저히 유린당해왔으며, 종국엔 나라의 주권마저 빼앗겨 어떤 희망조차 가질 수 없었던 상태의 조선, 그리고 밑바닥으로 더 떨어지려야 떨어질 수가 없는 최악의 구렁텅이 속에서 허우적대며 아무런 살아갈 소망 없이 굶주림과 고약한 질병으로 서서히 죽어가던 조선 민초들의 처지 말입니다.

동료 선교사들의 냉담한 눈초리를 의식한 포사이드는 고심 끝에 광주의 벽돌 굽던 가마를 생각해냈고, 나환자를 그쪽으로 옮깁니다. 그리고 선교사들이 쓰던 옷가지와 침구류를 갖다 준 후 날마다 그녀를 들여다보며 치료하면서 복음을 전해줍니다.

신약성경의 누가복음 10장을 보면, 예수님께서 말씀하신 선한 사마리아인의 비유가 나옵니다. 이야기의 요지는, 예루살렘에서 여리고로 가던 어떤 유대인이 강도를 만나 거의 초주검이 되어 쓰러져 있었는데, 마침 그 옆을 지나던 제사장과 레위인은 그냥 지나쳤지만, 유대인과 적대적 관계에 있던 사마리아인이 그에게 다가가 상처에 기름과 포도주를 붓고 싸맨 다음, 자기 노새에 태워 여관으로 데리고 가서 돌봐 주었다는 내용입니다. 이런 헌신적인 사랑만이 진정 이웃을 사랑하는 것이라는 가르침이지요.

위에서 설명한 포사이드의 행실은 예수님이 언급하신 선한 사마리아인을 떠올리게 합니다. 지체의 높낮음을 떠나 조선의 그 누구도 거들떠보지 않을뿐더러, 행여 병이라도 옮을까 싶어 멀리하고 기피하던 나환자를 지나가던 파란 눈의 외국인 선교사가 치료하고 돌봐 준 것이죠. 이것이 결국 광주 한센병원, 오늘날 여수 애양원을 꽃피운 씨앗이 되었던 것입니다.

나환자를 인격적으로 대하다

당시 나환자는 누구에게나 기피 대상이었습니다. 그런데, 말끔한 신사복 차림의 서양인 선교사가 고름투성이인 나환자의 팔을 붙잡고 부축하는 모습을 본 광주 사람들은 큰 충격에 빠졌습니다. 그중엔 나환자들만 보면 돌로 좇아버리곤 했던 최흥종崔興琮, 1880~1966이란 사람도 있습니다. 포사이드 선교사가 나환자를 부축하는 사이, 떨어뜨린 나환자의 지팡이를 마침 옆에 있던 최흥종에게 집어 달라고 부탁했지만 최흥종은 머뭇거릴 수밖에 없었습니다. 그러자 포사이드 선교사가 그 지팡이를 아무렇지도 않은 듯 집어 들었습니다. 이 모습을 지켜보던 젊은 최흥종은 큰 충격을 받았고, 그 일생 동안 신앙의 나침반이 되었습니다. 같은 민족이었던 사람들도 혹시라도 자기가 감염될까봐 돌맹이 던지고 멸시하던 나환자를 마치 자식처럼 대해 주는 것을 보고 "아, 그래 저것이 바로 예수교의 힘, 바로 예수의 사랑이다. 예수를 믿으려면 저 의사분처럼 믿어야 될 것이야"라는 경외감을 갖게 되었지요. 이렇게 포사이드 선교사와의 만남은 평생 그를 가난하고 병든 자를 위해 한평생을 헌신하도록 하는 계기가 되었습니다.

이후 최흥종은 1932년, 김병로, 송진우, 조만식 등과 함께 '조선나환자근절협회'를 창설하는데 앞장서는데요, 이 조직의 목적은 조선인 나환자 전원을 수용하는 시설을 짓는 것이었습니다. 그만큼 그는 조선의 나환자들에게 크게 빚진 마음을 지니고 있었던 것입니다. 그는 지금도 광주 지역에서 '나환자들의 대부'로 통하고 있습니다.

포사이드는 '조선의 버림받은 나환자를 내버려 둬선 안 된다'는 강한 메시지를 남긴 채 목포로 돌아갔습니다. 이제 나환자 사역은 윌슨 선교사에게 맡겨졌습니다. 광주에서 윌슨이 나환자를 치료한다는 소문이 알려지자 많은 나환자들이 광주로 몰려들었고, 이제 조그만 수용소에 몰려드는 환자를 다 감당할 수 없는 지경이 되었습니다. 그리하여 1912년 광주 봉선리에 병원 건물을 짓게 됩니다. 이때부터 나환자들 사이에서는 이 나병원이 선망의 대상이 됩니다. 말끔한 현대식 건물과 치료 도구를 갖춘 데다 인격적인 의사들이 진료를 맡고 있었기 때문이죠. 심지어 환자들은 나병원에 수용되는 걸 굉장한 특혜로 여겼다고 합니다. 전국에서 나환자들이 몰려들고, 이들을 다 수용하지 못한 환자들이 거리를 배회하자 주민들의 민원이 쇄도합니다. 여기에다 조선총독부의 격리 요구까지 겹쳐 결국 1926년, 지금의 애양원 자리인 여수 신풍반도로 이전하게 되죠. '사랑으로 양을 키우는 동산'이란 뜻의 애양원이란 명칭은 1935년부터 사용하게 됩니다.

비슷한 시기인 1916년, 일제의 조선총독부도 전남 소록도에 자혜의원을 설립해 나환자의 치료에 나섭니다. 하지만 운영 방식은 애양원과 사뭇 달랐습니다. '엄격한 격리'와 '엄격한 운영'이 특징이었죠. 따라서 폭력 등 비인격적인 처사가 만연했습니다.

반면에 애양원은 환자의 자발적 퇴원, 일시적 귀가나 외출을 허용했습니다. 그리고 애양원교회를 통한 자치를 인정했습니다. 이 때문에 여수, 순천에는 애양원 입소를 기다리며 길거리를 배회하는 나환자들이 많았다고 합니다.

애양원이 전국적인 주목을 받게 된 것은 제임스 켈리 웅거[James Kelly Unger] 선교사, 김응규 목사에 이어 1939년 손양원 목사가 애양원 원장으로 부임하면서입니다. 애양원하면 손양원 목사님을 빼놓고서 말할 수 없지요.

원래 애양원 원장은 목사만이 맡을 수 있었지만 "손양원 전도사가 비록 정식 목사는 아니지만 신앙적인 차원에서 보자면 그야말로 진정한 목사이며 애양원에 속한 영혼들을 맡을 자격이 있다"라고 적극 권유한 웅거 선교사의 요청에 따라 부임할 수 있었습니다. 손 목사는 1938년 평양신학교를 졸업했지만, 신사참배를 반대했다는 이유로 목사 임직을 받지 못하고 있었습니다.

손 목사가 원장에 부임하기 직전에 애양원에서는 큰 사건 하나가 터집니다. 당시 증세가 심한 환자를 격리해 놓은 시설에 들어갈 때는 일반인은 물론 간호사들조차도 신문지를 깔고 출입했습니다. 한센병이 옮을까 봐 그랬던 것이죠. 이런 행동에 큰 모욕감을 느낀 환자 하나가 "우리가 짐승이냐?"라며 간호사 한 명을 때려죽입니다. 그만큼 애양원에서조차도 환자와 정상인 사이에 가로막고 있는 벽은 높고도 두터웠던 것입니다.

그런데 손 목사는 부임하자마자 신발도 신지 않은 채 맨발로 그 중증환자시설에 들어갑니다. 그리고는 간호사를 죽인 그 환자에게 다가가 잠깐 기도를 올리고는 직접 입으로 그 환자의 고름을 빨아냅니다. 이 사실을 알게 된 애양원에서는 "틀림없이 손 목사도 한센병에 감염됐을 것"이라며 감염 검사를 실시했는데, 결과는 양성이 아닌 음성이었습니다. '검사가 잘못됐다'며 연거푸 몇 차례 더 검사를 했지만, 결과는 마찬가지였습니다. 그러자 손 목사는 "내가 나병에 걸리면 그들과 똑같아질거고 그러면 환자들이 나에게 더 거부감 없이 대할 텐데…"라며 크게 아쉬워했다고 합니다.

애양원, 한센인들의 생활공동체가 되다

이후 애양원은 손양원 목사의 철저한 신앙지도와 생활지도에 따라 굳건한 신앙생활 공동체로 발전해 갑니다. 애양원은 1950년 9월 손 목사의 순교와 한국전쟁으로 인해 한동안 방치되다시피 했는데요. 1959년 10월 1일에 미국인 스탠리 토플^{Stanly C. Topple}이 손 목사를 이어 애양원 제10대 원장으로 부임하면서 새롭게 탈바꿈합니다. 에모리 대학교 의과학대 출신인 토플은 졸업 무렵 한국 애양원에 의료 선교사가 필요하다는 얘기를 듣고 선교사로 헌신합니다. 그리고 27세의 나이에 한국 땅을 밟는데요. 당시 한국은 전후 복구가 아직 이루어지지 않은 상태이었기에 참혹하기가 이루 말로 다

할 수 없는 상황이었습니다. 애양원엔 의료시설은 물론 수도, 전기 시설조차 갖춰지지 않았습니다. 환자 치료나 수술이 거의 불가능한 상황이었죠. 토플 선교사에 따르면 창문으로 들어오는 햇빛에 의지해 수술을 해야 하는 처지였다고 합니다.

환자들의 처지도 말이 아니었습니다. 나환자들은 한센병 이외에도 각종 정신질환에 안질 등을 심하게 앓고 있어 약물 남용이 심각했던 것입니다. 그럼에도 토플 선교사는 포기하지 않고 환자 치료에 땀을 쏟았을 뿐만 아니라, 미국의 후원을 이끌어내 현대식 병원 건물과 시설을 갖추었고, 미국과 인도 등지에서 새로운 치료법을 배워서 도입하기도 했습니다.

또한 일반 피부과 진료를 병행하며 일반인과 나환자 사이의 벽을 허무는 데도 힘을 쏟았고, 소아마비 수술도 도입하여 전국에서 소아마비 환자들이 애양원으로 몰려오기도 했습니다. 언론 인터뷰에서 토플 선교사는 당시의 상황을 다음과 같이 표현했습니다.

"난방, 전기, 수도시설이 모두 열악했지만, 함께 지내던 나환자들과 의료 봉사자들의 마음이 너무 따뜻해서 견딜 수 있었어요. 사랑과 감사를 경험한 소중한 시간이었지요. 지금도 그때를 회상하면 마음이 따뜻해집니다."

열악한 환경 속에서도 감사하는 마음을 갖는 건 신앙인의 특징이기도 하지요. 한편 한센병 완치를 위해서는 신앙과 치료뿐만 아니라 재활이 반드시 필요했습니다. 장기간 격리 생활을 해야 하기 때문입니다. 따라서 토플 선교사는 한센인들을 위해 양장, 봉재 등을 가르쳤으며 농사나 가축을 기를 수 있도록 땅도 나눠줬습니다.

한센병에서 완치된 환자들은 마을을 이루고 살았는데, 토플 선교사의 한국 이름인 '도성래'를 따서 마을 이름을 '도성마을'이라고 붙였습니다. 지금도 한센인들은 도성마을에서 공동체를 이루며 살고 있습니다.

토플 선교사는 애양원 환자들이 전부 완치되자, "이제 한국인이 애양원을 맡아야 한다"라며 1982년 아프리카로 훌쩍 떠납니다. 그리고 수많은 애양원 출신 나환자들이 그를 손양원 목사에 버금가는 '한센인의 친구'로 기억하고 있습니다.

한센병은 천형이라고 불릴 정도로 인간이 겪을 수 있는 가장 잔인하고 고통스러운 병입니다. 한센병 환자들은 사회로부터 격리되어야 했고, 가족들조차도 외면했기에 이들이 당하는 정신적 육체적 고통은 말로 형언할 수 없는 것이었습니다. 이러한 아픔을 안고 절망 속에서 신음하는 한센병 환자들의 뭉뚱그려진 손을 잡아주고, 가족과 친구가 되어주고, 치료해주는 일은 기독교 정신의 핵심인 '사랑과 희생' 아래에서만 가능한 일이었습니다. 이것이 바로 파란 눈의 선교사들이 이 땅에 베푼 거룩한 사역입니다.

이처럼 나라가 어렵고 힘들 때 하나님의 영에 감동된 선교사들의 헌신과 희생이 오늘날 대한민국 발전의 큰 밀알이 되었습니다.

05

서양 의술, 조선을 치료하다

지금으로부터 130년 전, 구한말 사람들은 병이 나면 어떻게 했을까요? 지금은 눈이 아프면 안과, 배가 아프면 내과, 암에 걸리면 암 전문병원에 갈 수 있지만 그 당시에는 그렇지 않았어요. 지금 같은 병원이 없었습니다. 대신 한의원에 가서 진맥을 하고 침을 맞거나 보약을 먹는 게 고작이었지요. 좀 심각하다 싶은 병에 걸린 사람은 무당을 불러 굿을 했습니다. 몸에 귀신이 들어와서 병이 난 것으로 보고 무당을 불러다 귀신을 내쫓는 의식을 행했던 것이지요. 사정이 이렇다 보니 아픈 사람들도 많았고, 제대로 치료를 받지 못해 죽는 사람들도 부지기수였습니다.

당시 사람들은 말라리아, 매독, 천연두, 이질, 결핵, 각기병, 연주창, 나병, 재귀열, 간질 등을 심각한 병으로 인식하고 있었는데요, 오늘날 같으면 간단한 백신이나 알약으로 나을 수 있는 병이었지만 당시에는 병의 원인도, 치료 방법도 전혀 알려지지 않았습니다.

이런 병들에 걸리는 것은 곧 목숨을 잃거나 사회로부터의 격리를 의미했습니다. 질병으로 인한 죽음에 대한 공포와, 극심한 가난 속에서 처절한 삶을 살았던 분들이 바로 우리의 할머니와 할아버지들입니다. 그런 조선 백성들에게 선교사들이 전파한 서양 의술은 구원의 손길과도 같은 것이었습니다.

갑신정변, 서양 의술에 눈뜨게 하다

19세기 후반부터 20세기 초반에 이르기까지 우리나라는 격변과 격동의 해가 아니었던 적이 없었지만, 특히 갑신년인 1884년에는 더욱 그러했습니다. 그 해 12월 4일은 갑신정변이라는 역사적인 사건이 발생한 날이기도 합니다. 당시 우리나라 조정은 서양에 문호를 개방하고 외국 문물을 받아들일 것인가, 아니면 서양을 배척하고 기존 체제를 공고히 할 것인가를 두고 심각한 갈등을 빚고 있었습니다.

즉, 개화파와 수구파(홍선대원군 등)가 심하게 대립하고 있었고, 개화파는 다시 급진개화파(김옥균, 박영효 등)와 온건개화파(고종과 민씨 일가 등)로 나뉘어 다투고 있었는데요, 갑신정변은 바로 이러한 갈등의 결과로 볼 수 있습니다.

아이러니하게도, 조선 사람들이 서양 의술에 눈을 뜬 건 바로 갑신정변 때문입니다. 1884년 12월 4일 저녁 늦은 시간, 당시 미국 북장로교 파송 선교사로 조선 주재 미국 공사관에서 의사로 근무하던 호러스 알렌^{Horace N. Allen, 1858-1935}은 진료를 마치고 집에 머물고 있었습니다. 그런데 조선 정부의 외교고문인 독일인 묄렌도르프^{Paul George von Möllendorf, 1848-1901}로부터 급한 전갈이 왔습니다. 민비(고종의 부인)의 조카 민영익이 급진개화파로부터 습격을 당해 사경을 헤매고 있다는 것입니다. 당시 고종과 민비는 조선의 법과 제도를 유지하면서 서양의 과학기술만을 받아들이자는 온건개화파의 입장이었고, 갑신정변을 일으킨 급진개화파는 서구의 근대적인 사상과 제도까지도 전면적으로 도입할 것을 주장하고 있었습니다.

이에 급진개화파는 외척 세력인 민씨 일가와 그들을 추종하는 관리들이 고종과 민비의 배후에서 정치를 어지럽히고 백성들을 도탄에 빠뜨리고 있다는 판단하에 그들을 타도의 대상으로 봤던 것입니다. 민영익이 심각한 부상을 당한 것도 그 때문입니다. 민영익은 부상당한 채로 묄렌도르프의 집에 누워 있었습니다. 전갈을 받고 급하게 도착한 알렌은 혼자 힘으로 치료하기엔 도저히 불가능할 정도로 부상 정도가 심각하다고 판단하고, 일본인 의사와 영국인 의사를 불렀습니다. 그리고는 상처 부위를 소독한 뒤 지혈을 하고 꿰매었습니다. 무려 27군데나 꿰맸다고 하니 부상 정도가 얼마나 심각했는지 알 수 있습니다. 다 꿰매고 나서는 하얀 붕대를 감고 반창고를 붙였습니다. 이러한 치료법은 당시 조선에서는 처음 선보이는 낯선 풍경이기도 했습니다. 알렌은 이후 석 달 동안이나 거의 매일 왕진을 하면서 치료를 했고, 그 덕분에 민영익은 차츰 부상에서 회복할 수 있었습니다.

갑신정변 당시 대부분의 서양 선교사들은 제물포를 통해 일본으로 피신해 있었으나, 알렌은 가족들과 함께 서울에 남아 임무를 계속 수행했다고 합니다. 알렌의 용기 있는 모습과 그가 선보인 서양 의술은 당연히 사람들의 주목을 받을 수밖에 없었습니다. 알렌은 이후 고종과 민비를 진료하게 되고, 고종의 신임을 얻어 벼슬도 받게 됩니다.

그렇지 않아도 병원을 통한 조선 선교를 목표로 하던 알렌 선교사에게 절호의 기회가 찾아온 것입니다. 이듬해인 1885년 1월, 알렌은 고종에게 병원 설립 계획서를 제출하고, 그로부터 한 달 만인 2월 29일 병원 설립 허가를 받습니다. 지금은 병원 설립이 환영받을 일이지만, 당시만 해도 서양 병원을 설립한다는 것은 많은 이들의 반대에 부딪혀야 하는 고단한 작업이었습니다. 그런데 이것이 일사천리로 진행된 것은 그만큼 알렌에 대한 고종의 신임이 두터웠다는 뜻입니다.

병원 장소는 급진개화파 거물인 홍영식의 집이었습니다. 갑신정변이 실패로 끝남에 따라 정변 가담자는 한마디로 '역적'이었던 것입니다. 나라를 개화해야 한다는 방향은 옳았지만 그 방법에 있어서는 당시 친청(親淸) 정책을 추진하던 조정과 맞지 않았고, 특히 일본과 손을 잡는 듯한 모습은 백성들이 등을 돌리도록 만들었습니다. 결국 갑신정변은 실패한 혁명이 되고 말았고, 정변에 가담했던 자들은 일본으로 망명하거나 홍영식처럼 처참하게 죽음을 당해야 했습니다. 홍영식의 집터는 현재 헌법재판소가 자리하고 있습니다. 홍영식이 죽고 그의 아버지마저 충격으로 자살하자, 조선 정부는 알렌으로 하여금 그곳에 병원을 짓도록 했던 것입니다.

이러한 우여곡절을 거쳐 1885년 4월 14일, 한국 최초의 서양식 왕립병원이 개원합니다. 병원 이름은 '널리 혜택을 베푼다'는 뜻의 '광혜원'으로 했다가 2주일 만인 4월 26일 '사람을 구제하는 집'이란 뜻의 '제중원'으로 바뀝니다.

최초의 병원 '제중원' 개원하다

제중원 개원 당시, 병원 공고문에는 다음과 같이 쓰여 있었습니다.

현재 본원에는 남녀가 머물 수 있는 방이 있으니 질병이 있는 자는 누구나 내원하여 치료받으라. 약 값은 국가에서 지급한다. 이상을 잘 이해하여 의심하지 말고 치료받으라. 이것을 공고한다.

당시 제중원은 국립병원이었습니다. 따라서 치료비는 무료였습니다. 그런데 "의심하지 말고 치료받으라"라는 말이 좀 이상하지 않습니까? 그만큼 사람들은 서양 의술에 대한 불신과 두려움이 강했던 것입니다. 병원은 병실 7개와 진찰실, 수술실, 약국, 주방, 샤워실을 갖추고 있었습니다. 선교사들의 보고에 의하면, 설립 초기에는 하루 평균 70명 가까운 환자들이 진료를 받았다고 합니다. 이때 마침 선교사로 조선에 온 언더우드는 이 병원에서 약국 일을 맡아 알렌을 도왔습니다. 앞장에서 설명했듯이 나중엔 신약성경의 한글 번역을 도맡아 한 걸 보면 언더우드는 참 재주가 많은 선교사였음을 알 수 있습니다.

이렇게 해서 제중원이 1년간 치료한 환자는 1만 4백여 명이었고, 그중 입원 환자는 256명이나 되었다고 합니다. 결국 제중원은 넘치는 환자들을 더 이상 감당할 수 없게 되어 병원 설립 2년 만인 1887년 초, 현 을지로 입구 외환은행 자리로 이전하게 됩니다.

1886년 7월, 조선에는 또다시 치명적인 전염병 콜레라가 창궐하여 수없이 많은 무고한 생명들이 희생되었는데요, 이때 알렌을 비롯한 선교사들은 자신의 몸을 전혀 아끼지 않은 채 밤낮없이 몰려오는 환자들을 치료합니다. 환자 중에는 양반도 있었고, 일반 평민, 그리고 천민도 있었습니다. 하지만 선교사들은 빈부귀천을 가리지 않고 모든 환자들을 정성스럽게 치료해 주었고, 그런 모습에서 백성들은 가슴 뭉클한 감동을 받게 됩니다.

그러나 알렌은 선교 방식의 차이 등으로 동료 선교사들과 갈등을 겪습니다. 결국 알렌은 1887년 9월, 선교 사업을 중단하고 외교관으로 전향하여 미국으로 돌아갔고, 알렌에 이어 존 헤론^{John W. Heron, 1856-1890}이 제2대 제중원 원장으로 취임합니다.

하지만 많은 선교사들이 그렇듯 헤론도 모든 것이 열악한 조선 땅에서 과중한 업무와 풍토병으로 고생해야 했습니다. 1888년 여름, 헤론의 둘째 딸이 태어나지만 아기도 부인도 건강이 좋지 못했습니다. 헤론도 덩달아 앓아눕게 됩니다. 이를 본 언더우드가 잠깐 중국으로 건너가 쉬다 오라고 권하였지만, 헤론은 다음과 같이 대답하며 거절합니다.

"조선을 그리스도에게로 인도한다는 희망만 없다면, 한시도 이곳에 머물고 싶지 않습니다."

즉, 단 한순간도 머물고 싶지 않을 정도로 제중원에서의 생활이 너무도 지치고 힘들지만, 오직 복음 전파에 대한 열정으로 고통을 감내하겠다는 말이겠지요.

이처럼 자신의 몸조차 돌보지 않고 조선 선교의 사명에 불타고 있었던 헤론은 1890년 7월 26일, 안타깝게도 과로로 인한 병을 얻어 결국 순교하고 맙니다. 선교사로 한국에 온 지 불과 5년 만이죠. 그리고 그는 양화진 선교사 묘원에 묻힌 최초의 선교사가 되었습니다. 지금도 많은 사람들이 그를 '참된 의사', '의사의 표상'으로 기리고 있습니다.

제중원, 세브란스로 새출발하다

한편, 헤론이 사망한 후 후임으로 온 미국 북장로회 소속 의료 선교사 찰스 빈턴Charles C. Vinton, 1856~1936이 제3대 제중원 원장이 되었는데, 제중원의 운영 방식을 두고 조선 정부와 갈등을 빚게 되면서 사실상

존폐의 기로에 서게 됩니다. 이 상황에서 1893년 11월 제중원의 제4대 원장으로 부임한 올리버 에비슨$^{Oliver\ R.\ Avison,\ 1860-1956}$은 조선 정부와 미국 선교부가 공동으로 운영하던 제중원을 미국 북장로회가 단독으로 운영하도록 조선 정부를 설득합니다. 그 결과 1894년 9월 왕립병원이었던 제중원의 운영권이 완전히 미국 선교부로 이관되었고, 제중원은 자유로운 사립 선교기관으로 탈바꿈하게 됩니다.

에비슨은 선교사들과의 협의를 거쳐 제중원을 대규모 현대식 병원으로 개조하기로 결정한 후, 병원 건립 기금을 모으기 위해 백방으로 노력합니다.

1899년 봄에 에이비슨은 안식년을 겸해 캐나다로 가는데요, 먼저 토론토에 사는 친구인 건축가 헨리 볼드 고든$^{Henry\ Bauld\ Gordon,\ 1854-1951}$을 만나 병원의 설계 도면을 무료로 기증받습니다. 그리고 이듬해인 1900년 4월 말에는 미국 뉴욕에서 열린 만국 선교대회에서 '의료 선교에서의 우의'라는 제목으로 강연을 합니다. 에비슨은 이 강연을 통해 조선의 선교 상황과 병원 설립의 필요성을 호소했는데요, 그의 강연을 듣고 감동을 받은 미국 클리블랜드의 실업가 루이스 세브란스$^{Louis\ H.\ Severance,\ 1838-1913}$가 병원 설립을 위해 1만 달러를 기부하기로 합니다.

당시 에비슨이 얼마나 놀라고 기뻐했을지 상상이 되고도 남습니다. 모든 영광을 하나님께 돌리면서 눈물을 글썽이며 감사를 표시했겠지요. 그러자 세브란스는 겸손한 태도로 다음과 같이 대답했다고 합니다.

"저희 부부는 일 년 전부터 어딘가에 병원을 세우고 싶어 계속 기도 중이었습니다. 마침 당신의 강연을 듣고 큰 감동을 받아 바로 결심하게 되었습니다. 기부를 받는 당신의 기쁨보다 드리는 나의 기쁨이 더 크답니다."

이렇게 세브란스의 통 큰 후원으로 1904년 9월 남대문 밖 남산 기슭의 복숭아 골(현재 서울역 앞 부근)에 그의 이름을 딴 한국 최초의 종합병원인 세브란스 기념병원이 건립됩니다.

세브란스의 아름다운 기부는 대를 이어 계속되었습니다. 그의 아들 존 롱 세브란스와 딸 엘리자베스 역시 아버지의 유지를 받들어 세브란스 병원에 거액을 기부하였으며, 존 롱 세브란스는 세상을 떠나면서 '세브란스 기금'을 만들어 현재까지도 계속 후원금을 보내고 있다고 합니다.

아울러 에비슨은 세브란스 병원 안에 설치된 의학전문학교의 교과과정을 통해 우수한 의료 인재의 양성에도 힘썼습니다. 그 결과 에비슨이 1935년에 은퇴할 때까지 세브란스 병원에서 의사 352명과 간호사 165명이 배출되었다고 합니다. 이처럼 제중원을 설립한 인물은 알렌이었지만, 존폐 위기의 제중원을 소생시키고 국내 첫 의학 교육과 고등교육을 실시하여 근대의학 지식을 갖춘 한국인이 직접 한국인을 치료할 수 있도록 자립할 수 있는 시스템을 정착시킨 이는 에비슨입니다.

세브란스 병원과 3·1운동

세브란스 병원은 독립운동에도 직·간접적으로 많은 기여를 했습니다. 1916년 한국에 와 세브란스 의학교에서 세균학과 위생학을 가르쳤던 프랭크 윌리엄 스코필드^{Frank W. Schofield, 1889-1970} 박사는 한국 이름인 '석호필'로 더 잘 알려져 있습니다. 석호필(石虎弼)이란 이름은 '돌(石) 같은 굳은 의지로 호랑이(虎)의 기개를 갖고 약(弼)처럼 이웃에 필요한 존재가 되라'는 뜻을 담고 있습니다. 석호필 박사는 정규 의학 수업과 별도로 '영어 성경반'을 조직해 학생들에게 성경을 가르쳤습니다. 3·1운동이 일어나자 자전거를 타고 만세시위현장의 찾아가 사진을 찍어 3·1운동의 실상을 해외에 알렸고, 3·1만세운동 정신을 강조하며 일제의 비인도적 한국인 탄압에 맞서 일본인 고관들을 찾아가 항의하고, 해외 언론에 투고하여 일제의 만행을 폭로하였습니다.

특히 제암리 학살 사건을 현장에서 사진을 촬영하여 일제의 억압과 만행을 전 세계에 폭로하는데 결정적인 역할을 하였습니다. 만세시위에 대한 보복으로 마을 주민들을 학살하기 위해 계획적으로 접근한 것이 제암리 학살 사건의 시작입니다.

일본군은 15세 이상의 마을 남자들을 교회로 모이게 하였습니다. 20여 명 이상의 남자들을 모은 후, 일본군 장교 하나가 교회에 들어가 기독교 교리에 대해 몇 마디 얘기를 잠간 나누고 나왔습니다. 그리고 교회를 포위하고 대기하던 일본군들은 집중 사격을 퍼

부었습니다. 교회 안은 아수라장이 되고 밖으로 나오는 자들도 총격을 받고 즉사하였습니다. 제암리 학살 사건은 여기서 그치지 않고, 기름을 부은 후 불을 질러 확인 학살까지 저질렀습니다. 스코필드 박사는 급히 제암리 학살 사건의 현장으로 향했고, 일제의 참담한 만행에 충격을 받았습니다. 스코필드 박사는 3·1운동 때 그랬던 것처럼 이를 기록하여 세계에 알려야겠다고 생각하고 사진으로 남겼습니다. 물론 일본은 이런 사실을 완전히 부인하고 은폐를 시도했습니다. 스코필드 박사는 사진과 사연을 보고서로 작성하여 「제암리의 대학살(The Massacre of Chai-Amm-Ni)」이라는 이름으로 전 세계에 알렸습니다. 스코필드 박사가 없었다면 세계가 일본의 말만 믿고 제암리 사건에 희생된 주민들의 원통한 죽음이 잊혀졌을 것입니다.

스코필드 박사는 외국인이었으나, 34번째 3·1운동 민족대표 '석호필'로 더 잘 알려졌습니다. 그는 '세브란스 의학전문학교'에서 학생들을 가르치던 중, 세브란스 의학전문학교 부속병원의 제약부에서 일하던 이갑성을 알게 되었습니다. 이갑성은 나중에 3·1운동에서 민족대표 33인 중 한 명이 되었습니다. 이갑성은 외국인이 알 수 없던 불행한 조선의 강제 합병을 이야기 해주었고, 스코필드 박사는 함께 분통을 터뜨리면서 조선의 독립을 도와주기로 결심합니다.

3·1운동을 준비하는 과정에서 외국에 대한 정보도 필요했는데, 스코필드 박사가 그 역할을 맡아 국외의 정황을 파악해서 3·1운동의 시점과 방법 등을 정할 수 있도록 많은 노력을 기울였습니다. 또

한 일제는 조선을 고립시키고 해외로는 조선이 동의해서 합방을 한 것으로 홍보하고 있었기 때문에 3·1운동을 해외에 알리는 것은 매우 중요한 일이었습니다.

대한민국은 스코필드 박사의 공을 높이 사서 외국인이지만 대한민국의 공로훈장을 수여했고, 국립현충원에 안장하였습니다. 그는 한국인이 된 것입니다.

세브란스 병원과 인연이 있는 또 한 명의 외국인은 미국 네바다주 출신의 앨버트 테일러$^{Albert\ Wilder\ Taylor,\ 1875-1948}$입니다. 그는 1897년 조선에 들어와 광산업과 무역업에 종사했고, 일본에서 영국인 배우 메리 테일러$^{Mary\ Linley\ Taylor,\ 1889-1982}$를 만나 1917년 결혼하여 서울 서대문에서 신혼생활을 시작했습니다. 메리가 세브란스 병원에서 아들 브루스$^{Bruce\ Tickell\ Taylor,\ 1919-2015}$를 낳은 것은 1919년 2월 28일, 바로 3·1운동 발발 하루 전 일이었습니다.

그런데 이때 테일러 부부는 이상한 광경을 목격합니다. 병원 간호사들이 내용을 알 수 없는 인쇄물을 가져와 침상 밑에 숨기는 것이었습니다. 그 인쇄물의 정체를 안 순간 테일러 부부는 까무러치게 놀랐습니다. "이건 조선의 독립선언서잖아!" 앨버트 테일러는 UPI와 AP통신의 임시 특파원으로 독립선언서를 처음 외신으로 타전했고, 고종 황제의 국장과 재판 과정, 그리고 제암리 학살 사건을 취재하여 3·1운동 소식을 세계에 널리 알리는 데 앞장섰습니다. 테일러 부부는 서대문 근처 한양 도성 성곽을 따라 산책하던 중 커다란 은행나무 한 그루를 보고 그곳에 집을 짓고 살았는데, 이 집이

2017년 등록문화재 제687호가 된 '딜쿠샤(Dilkusha)'입니다. 딜쿠샤는 '기쁜 마음의 궁전'이라는 뜻입니다. 1942년 태평양전쟁이 터지자 테일러 부부는 일제에 감금됐다가 추방당했습니다. 전쟁이 끝나고 다시 한국에 오려 했던 앨버트 테일러는 1948년 심장마비로 갑자기 숨을 거뒀고, "내가 죽거든 한국에 묻어주오"라는 그의 유언에 따라 유해를 한국 땅에 안장했습니다.

정동병원(시병원), 민중들의 희망이 되다

제중원이 한국 최초로 설립된 서양식 국립병원이었다면, 서양식 첫 민간병원인 정동병원을 언급하지 않을 수 없습니다. 정동병원은 1895년 5월에 서울에 도착한 의료선교사 윌리엄 스크랜턴[William B. Scranton, 1855~1922]이 동년 9월 자신의 집을 개조해 설립한 병원입니다. 당시 서울에서 알렌이 세운 제중원과 더불어 근대의학의 한 축을 담당했는데요, 제중원이 여러 계층의 사람들을 대상으로 했다면, 정동병원은 그야말로 가난하고 비천한 계급의 사람을 위한 병원이었다고 할 수 있습니다. 이에 고종은 스크랜턴의 우리말 이름 시란돈(施蘭敦)의 '시'가 베풀 '시(施)'자임에 따라 그 의미를 살려 '시(施)병원'이라는 이름을 하사하여 그의 노고를 치하했습니다. 이름 그대로 가난한 환자들에게 무료진료를 베푸는 병원이었던 것이죠.

한편 스크랜턴은 여성들만을 위한 병원 설립의 필요성을 절감하고, 미국 북감리회 선교부에 여의사 파견을 요청합니다. 여성 환자들이 남성 의사에게 진료를 받을 때 신체 노출을 꺼리는 문제를 해결하기 위한 것이었습니다. 이에 1887년 10월 여성 의료선교사인 메타 하워드Meta Howard, 1862~1930가 내한하여 정동에 여성전문병원을 개원하고, 당시 소외 계층 여성들을 위한 진료 활동을 본격적으로 시작합니다. 우리나라 최초의 부인 병원이었던 셈이죠. 이듬해 고종은 이런 의료사업을 치하하고 격려하는 뜻으로 이 병원에 여성들을 보호하고 구하라는 뜻인 '보구여관(普救女館)'이라는 이름을 하사합니다. 당시 사회적 약자였던 여성의 건강권과 인권 향상을 위해 누구도 가지 않던 길을 개척해 '여성을 위한 의료'라는 개념을 만들어낸 보구여관은 이화여자대학교 의료원의 전신입니다.

그런데, 스크랜턴이 조선에 오게 된 경위가 조금 놀랍습니다. 1880년대 중후반에 일본에서 활동하던 미국 북감리회 소속의 로버트 매클레이Robert S. Maclay, 1824~1907 선교사는 1884년 한국을 방문해 고종으로부터 교육과 의료사업을 통한 선교 활동을 허락받습니다. 이로써 미국 감리교의 한국 선교를 위한 멍석이 깔린 건데요, 다만 파송할 의사는 필요했겠죠. 매클레이는 마침 미국에서 스크랜턴을 만나 한국 선교를 권유했지만 일언지하에 거절을 당합니다.

명문 예일대와 뉴욕의대를 마치고 바로 결혼한 뒤 클리블랜드에서 병원을 개업해 안정적인 생활을 하며 행복하게 살고 있던 스크랜턴에게 한국 선교 제의는 받아들이기 어려웠을 겁니다. 그런데 얼마 후 스크랜턴이 심한 열병(장티푸스)에 걸려 앓아눕게 됩니다.

이때 스크랜턴은 병상에서 '하나님, 내 병이 회복되면 곧 의료 선교사로 내 지혜와 경험을 하나님께 바치겠습니다'라고 서원했다고 합니다. 그런데 신기하게도 그의 병이 곧바로 나아서 건강을 회복하게 됩니다. 기도로 병나음을 체험한 스크랜턴 부부는 의료를 통한 한국 선교를 결심하게 되고, 1885년 5월 어머니 메리 스크랜턴^{Mary Fletcher Scranton, 1832~1909}과 두 살 된 딸과 함께 조선 땅을 밟게 됩니다.

이처럼 스크랜턴이 의료 선교를 위해 조선에 파송된 경위를 살펴보면, 마치 구약성경에 나오는 요나 이야기를 연상케 합니다. 요나는 니느웨로 가서 복음을 전파하라는 하나님의 말씀에 불순종했다가 물고기 뱃속에서 삼일 밤낮 동안 고초를 겪으며 회개하고 부르심에 순종하게 되지요. 요나가 니느웨로 가서 하나님의 말씀을 선포하고 12만 명에 이르는 니느웨 사람들을 구하는 위대한 일을 해냈던 것처럼, 스크랜턴도 하나님의 부름을 따라 어둠의 땅 조선에 와서 가난과 질병으로 신음하고 있는 이 땅의 가장 낮은 자들을 구제하고 많은 사람들을 복음으로 인도했던 것이지요.

한강 이남 최초의 의사 마티 잉골드, 예수병원을 설립하다

전주 예수병원은 호남 최초의 민간 의료선교병원으로 마티 잉골드 선교사가 1897년 한국에 들어와 1898년 11월 3일 전주 서문 밖에 첫 진료소를 세우고 여성과 어린이를 위한 진료를 시작했습니다.

마티 잉골드는 1867년 5월 31일 미국 노스캐롤라이나주 르노아에서 출생하여 1896년 볼티모어 여자의과대학을 수석으로 졸업했습니다. 1896년 이 의과대학 제14회 편람에 의하면, 마티 잉골드는 최종 시험에서 최고점을 받았고, 의학 이론과 실기에서도 두드러진 실력을 나타내 전무후무하게 두 개의 금메달 모두 혼자서 받았다고 기록되어 있습니다. 그녀는 서른 살에 미국을 떠나 조선에 오기를 결심하여 1897년 9월 15일 제물포에 도착했으며, 이때 미국 남장로교 선교사 루이스 테이트^{Lewis Boyd Tate}의 영접을 받았는데 7년 후 테이트 선교사와 마티는 서로 부부가 되었습니다.

예수병원 설립자인 잉골드 선교사가 쓴 일기에 의하면, 세균으로 감염되어 피부가 빨갛게 변하는 '단독'이라는 병으로 고열에 시달리는 아이의 치료법이 "머리와 다리를 잘라낸 돼지의 배를 갈라 그 속에 집어넣고 꽁꽁 묶는 것"이었습니다. 이것이 그 당시 우리나라의 치료법이었습니다. 30세 처녀의 몸으로 한국에 온 마티 잉골드는 무당의 주술과 미신만 믿고 죽어가는 가난한 환자를 사랑으로 돌보기 시작했습니다. 그녀가 건강이 점점 악화되어 58세의 나이로 미국에 돌아가기까지 28년간 의사와 전도사, 교사, 문서선교 등 일인다역을 감당하며 우리나라 의료사와 선교 역사뿐만 아니라 근대 역사에서 중요한 역할을 담당했습니다.

한강 이남 최초의 의사인 마티 잉골드에 의해 설립된 전주 예수병원은 우리나라 최초 민간 의료선교병원으로 호남의 근대화를 알리고 많은 생명을 살려냈습니다. 구한말과 일제강점기, 한국전쟁의 참혹한 시련 가운데도 의료와 봉사로 지역민과 환자를 향한 사랑의 수고를 아끼지 않았고, 우리나라 현대의학의 선구자 역할을 하면서 의료의 본질적 가치와 기독교적 가치를 실천했습니다.

나에게 무엇이 닥칠 것인가에 대해 나는 두려워하지 않는다. 나는 하나님의 보호하심 아래에 있다. 내가 거저 받았으니 거저 줄 수 있게 하소서.

마티 잉골드의 이 기도문은 지금도 예수병원 로비에 있는 잉골드의 흉상 아래 적혀 있습니다. 한 사람의 희생과 헌신으로 세워진 예수병원이 지난 120년 동안 의료서비스 제공과 국내외 의료봉사를 통해 이웃사랑을 이어가고 있듯이, 이젠 대한민국에서 양성한 의료 선교사가 예수 그리스도의 사랑이 필요한 복음의 불모지에 21세기 마티 잉골드로 파송해야 할 때라고 생각합니다.

제중원과 시병원, 치료를 통해 조선을 혁신하다

선교사들이 세우고 발전한 서양식 근대 병원은 단순히 질병 치료에만 기여한 것이 아닙니다. 서양식 근대 병원이 첫째는 근대 의학의 전수를 통해 조선의 의학 발전을 견인했고, 둘째는 남녀와 빈부의 차별을 철폐하는 데 공헌했으며, 셋째는 기독교 복음을 전파하는 전초기지의 역할도 담당했습니다.

위에서 언급했듯이, 에비슨은 세브란스 병원 안에 설치된 의학전문학교의 교과과정을 통해 우수한 의료 인재의 양성에도 힘썼는데요, 이를 위해 각종 전문 의학 서적을 한글로 번역하여 편찬하기도 하였습니다. 그 결과 1908년에 김필순, 김희영, 박서양, 신창희, 주현칙, 홍석후, 홍종은 7명의 제1회 졸업생을 배출합니다. 그런데 여기에 반가운 이름이 보이네요. 박서양. 어쩐지 낯익은 이름이지요? 그렇습니다. 2장에서 소개한 백정 박성춘의 아들입니다.

이들은 한국 의학 발전의 선구자들이 됩니다. 김필순은 세브란스 의학교 학감으로 임명되어 에비슨의 뒤를 이었고, 백정 출신의 박서양은 외과 교수로, "울밑에 선 봉선화야 너 모습이 처량하다…"로 시작하는 '봉선화'를 작곡한 홍난파의 형인 홍석후는 안과와 이비인후과 교수로 후학을 양성했습니다.

서양 의학은 점점 조선 사회에 동화되기 시작하더니 마침내 한약과 서양 의약의 만남이라는 새로운 경지가 열리기도 했습니다. 고종 임금이 대한제국 황제로 즉위하던 1897년, 당시 궁중 선전관(宣傳官)으로 있던 노천(老川) 민병호가 궁중에서만 복용되던 생약의 비방을 일반 국민에까지 널리 보급하기 위해 서양의학을 접목해 개발한 양약(洋藥)이 바로 '활명수'입니다. 당시 조선 백성들은 소화불량과 위장병을 많이 앓았는데, 탕약 외에는 마땅한 치료제가 없어 일찍 손을 쓰지 못하면 목숨을 잃는 일이 많았습니다. 다행히 노천은 궁중에서 사용하는 여러 비방을 잘 알고 있었고, 기독교를 접하면서 서양 의학과 서양 의술에도 일찍 눈을 떴습니다. 그래서 아선약, 계피, 정향, 현호색, 육두구, 건강, 창출, 진피, 후박, 고추틴크, 엘멘톨의 11가지 생약 성분을 넣어 일반 백성이 달이지 않고 복용할 수 있는 신약을 개발했던 것입니다.

또한 서양식 근대 병원은 당시 민중들에게 신분제도가 느슨해지는 현장을 체험하게 하는 장소이기도 했습니다. 제중원은 양반이나 관리들만 내왕하는 곳이 아니었거든요. 지위의 고하를 떠나 제중원엔 전국에서 수많은 환자들이 몰려들었고, 그중엔 궁중에서 일하는 고위 관료들부터 걸인, 한센병 환자 등 조선 사회의 모든 계층을 망라했습니다. 수백 년 동안이나 엄격히 유지되어 온 신분제 질서가 비로소 해체되는 상징적인 모습이기도 합니다.

한편 가난하고 소외된 계층에게 무료진료를 베풀었던 시병원은 여러 감동적인 일화를 가지고 있는데요, 그중에서 시병원의 첫 입원환자와 관련한 이야기를 하나 소개할까 합니다. 흔히 '스크랜턴 대부인(大夫人)'이라 불리는 스크랜턴의 어머니 메리 스크랜턴은 구름떼같이 몰려드는 환자들 중에서도 특히 집이 없고 가족도 친구도 없이 떠도는 환자들에게 각별한 관심과 사랑을 쏟았다고 합니다.

하루는 스크랜턴 대부인이 정동 근처의 성벽 위를 걷다가 추운 겨울의 길바닥에서 가마니 한 장만을 덮고 신음하고 있는 딱한 모녀를 발견하는데요, 한눈에 봐도 몹쓸 열병에 걸려 있는 것을 알 수 있었습니다. 스크랜턴 대부인은 즉시 일꾼들을 시켜서 두 사람을 병원으로 데리고 온 후, 따뜻한 방과 음식을 제공하며 치료에 전념

했습니다. 며칠 지나자 모녀의 얼굴에 핏기가 돌면서 건강이 많이 회복됐는데요, 이 두 사람이 바로 시병원의 첫 입원환자가 됩니다. 두 모녀를 태우고 온 일꾼들도 스크랜턴 대부인의 헌신적인 사랑에 큰 감명을 받아서 수고비 받기를 한사코 거절했다고 합니다.

두 모녀의 사연을 들어보니 남편이라는 사람이 아내와 딸이 몹쓸 병에 걸리자 이곳에 내팽개치고 어디론가 떠나버렸고, 버려진 모녀는 심한 전염성 열병을 앓으면서 가마니 한 장만 뒤집어쓴 채 차가운 길바닥에서 죽어가고 있었던 것입니다.

훗날 병이 완쾌된 엄마는 스크랜턴 대부인으로부터 세례를 받아 '패티^{Patty}'란 세례명을 갖게 되었고, 감리회 선교부에서 일하게 됩니다. 그런데 그녀와 함께 버려졌던 딸아이는 그 후 어떻게 되었을까요? 네 살이었던 '별단이'는 우리나라 최초의 여성교육기관인 이화학당에 두 번째로 입학한 학생이 되었습니다. 덧붙여 말하자면, 이화학당은 1886년 스크랜턴 대부인이 유교적 질서에 얽매여 있는 조선의 여성들을 개화시키면서 기독교 정신에 입각한 인생관을 가질 수 있게 할 목적으로 설립한 여성전용 사립학교입니다. 오늘날 이화여자고등학교와 이화여대의 전신이지요.

놀랍지 않습니까? 국가와 사회로부터, 심지어 남편과 아버지에게 조차 버림받고 완전한 절망 속에서 죽기만을 기다리고 있던 두 모녀가 선교사의 사랑과 헌신을 통해 새로운 삶으로 다시 태어났으니 말입니다. 스크랜턴 대부인을 만난 후 새롭게 거듭난 두 모녀의 삶은 마치 예수님 만나서 변화된 우리들의 모습과 너무나 흡사하지 않습니까?

한편, 윌리엄 스크랜턴(스크랜턴 대부인의 아들)은 민중이 있는 곳에 병원이 있어야 한다는 신념으로 서울의 중심인 정동에 있던 정동병원(시병원)을 가난하고 소외된 백성들이 많이 살고 있는 상동(현 남대문 시장)으로 옮깁니다. 아울러 병원 내에 상동교회를 설립하여 병원을 중심으로 복음을 전파합니다.

가난한 자에게 복음을, 포로 된 자에게 자유를, 억눌린 자에게 해방을, 병든 자에게 건강을, 고통받는 자에게 평안을.

이는 그가 전한 복음의 내용이었는데, 바로 예수님이 오신 이유를 조선 땅에서 몸소 실천한 것이었습니다. 이처럼 시병원은 병을 치료하는 장소에만 그치지 않고 복음을 전파하는 전초기지의 역할을 톡톡히 감당하고 있었던 것입니다.

복음에는 빈부귀천이 없습니다. 복음의 핵심인 사랑과 평등은 양반 중심의 엄격한 신분제 사회인 조선에서 혁명적인 사상이었습니다. 그러나 그 사상은 관념적인 것이 아니고 병원과 교회에서, 그리고 학교 등에서 실제 삶에서 눈으로 확인하고 직접 체험할 수 있는 실천되는 행위 그 자체였던 것입니다. 그래서 복음은 조선의 어둠을 비추는 환한 빛이었고, 병든 조선을 치료하는 백신이었으며, 동시에 조선의 새로운 미래를 여는 희망이 될 수 있었던 것입니다.

06

선교사,
결핵 퇴치에
앞장서다

암보다 무서운 병, 결핵

우리나라의 사망원인 1위가 무엇인지 아십니까? 통계청이 발표한 '2017 사망원인별 사망률'을 보면 1위는 암입니다. 2017년 한 해 동안 사망한 사람은 28만 5,534명 그중 암으로 숨진 사람은 27.6%, 즉 사망자 4명 가운데 1명이 암으로 숨진 것입니다. 이어서 사망원인 2, 3위는 심장질환 10.8%, 뇌혈관질환 8%였습니다. 10대 사망원인은 암, 심장질환, 뇌혈관질환, 폐렴, 자살, 간질환, 당뇨병, 만성 호흡기질환, 교통사고, 추락 등의 순이었습니다.

암 중에서도 폐암으로 사망한 사람이 10만 명당 35.1명으로 가장 많았습니다. 이어서 간암 20.9명, 대장암 17.1명, 위암 15.7명 등의 순이었습니다.

어떻습니까? 암이 무섭긴 무섭죠? 요즘 그렇지 않아도 주위에 암에 걸린 환자들을 심심치 않게 볼 수 있습니다. 아마 가족이나 친지,

주변분들 중에도 암 환자가 있을 겁니다. 그만큼 암은 우리의 생명을 위협할 만큼 치명적인 데다가 너무 많이 퍼져 있습니다. 아마도 앞으로 몇십 년이 지나면 백신이나 약의 발명으로 암도 감기처럼 약만 먹으면 나을 수 있는 시대가 올 것입니다.

그렇다면 조선 후기 당시에는 어떤 병이 가장 치명적이었을까요? 당시는 지금처럼 통계를 낼 수 있는 시스템이 없었기 때문에 정확한 통계는 알 수 없지만 선교사들의 보고서와 같은 각종 기록이나 문학 작품의 내용 등을 살펴보면, 폐결핵이 가장 무서운 병이었단 걸 알 수 있습니다.

조선 시대 광해군 때인 1610년 허준이 지은 한의학서인 『동의보감』에는 결핵과 관련해 다음과 같은 기록이 있습니다. 여기서는 결핵을 '노채(勞瘵)'라고 했습니다. 그리고 결핵균은 노채충(勞瘵蟲)으로 명명하고 있습니다.

"소년 시기 혈기가 왕성하기 전에 주색(酒色)에 상하면 열독이 몰리고 뭉쳐서 충(蟲)이 생긴다. … 결핵은 환자나 의복, 음식을 통해서 전염되며 한 사람이 죽은 다음에는 가까이 있던 또 다른 사람에게 감염이 되어 결국은 한 집안 가족 모두가 죽게 되는 경우가 허다하다. 그러므로 기가 허하고 배가 고플 때 노채를 앓는 집에 병문안을 가거나 조상(弔喪)을 가는 것을 금해야 한다. … 추웠다가 열이 나고 식은땀이 나며, 용(聳) 혹은 복(腹) 중 덩어리 혹은 뒷머리의 양쪽에 덩어리(小結核)가 생긴다."

오늘날의 결핵과 거의 일치하는 증상을 묘사해 놓고 있습니다. 결핵의 원인도 그렇거니와 감염의 치명성 때문에 병문안이나 조문조차 금하고 있는 걸로 봐서는 조선 시대가 결핵을 아주 위험시 했다는 걸 알 수 있습니다.

결핵은 거의 인간의 역사와 함께 해왔다고 할 만큼 오래되고 질긴 병입니다. 잠복, 즉 숨어 있는 데다가 전염까지 있기 때문에 완전 퇴치가 쉽지 않은 병입니다. 처음엔 18세기 산업혁명을 계기로 영국에서 유행하다가 1800년대 초엔 동유럽으로 번집니다. 그리고 1800년대 후반엔 아메리카 대륙으로 퍼졌습니다.

우리나라 최초의 근대식 병원인 '광혜원'을 설립한 알렌 선교사의 「조선 정부 병원의 첫 번째 연례보고서(1886)」에 의하면, 한 해동안 호흡기 계통 질환자 476명을 진찰했는데 그중 10.5%인 50건이 폐결핵(phthisis)이었다고 판명했습니다. 광혜원 원장으로 재직하다가 1902년 근대식 종합병원인 세브란스를 건립한 에비슨의 연례보고서를 보면, 호흡기 계통 환자 80명 중 폐결핵은 25%인 20명이었다고 밝히고 있습니다. 구한말 상당수의 사람들이 폐결핵을 앓고 있었다는 증거입니다.

지금도 마찬가지입니다. 2017년 기준 우리나라의 결핵 환자는 36,044명입니다. 이것은 인구 10만 명당 70.4명의 결핵 환자가 있다는 것으로 우리나라는 OECD에서 불명예 1위를 차지하고 있습니다. 결핵으로 인한 사망자 수도 매년 2천 명이 넘습니다. OECD 국가로 보면 그렇지만 이것을 전 세계 국가로 넓혀보면 상황은 더욱 심각합니다. 세계보건기구(WHO)에 따르면 전 세계 인구 20억 명이 결핵 환자입니다. 3명 중 1명꼴이 결핵 환자입니다. 물론 여기 엔 결핵균이 활성화되지 않은 상태인 잠복성 결핵 환자를 포함하고 있습니다. 21세기가 되었다고 해서 결핵에 대한 경각심을 결코 낮 춰선 안 되는 이유입니다.

결핵 퇴치 위해 생명을 건 셔우드 홀 선교사 일가

이 땅의 결핵 퇴치를 위해 앞장선 분이 많지만 그중 '홀(Hall)' 선교 사 가족은 단연 첫손가락에 드는 분들입니다. 캐나다 출신인 윌리엄 제임스 홀^{William James Hall, 1860~1895}과 미국 출신의 로제타 홀^{Rosetta Sherwood Hall, 1865~1951}은 각각 중국과 조선 의료 선교사로 헌신했고, 두 사람은 1892년 6월 21일 조선에서 결혼식을 치르게 됩니다. 둘 사이에서 태 어난 아들이 셔우드 홀^{Sherwood Hall, 1893~1991}입니다. 윌리엄 제임스 홀은 평양선교 개척을 위해 1894년 평양에 들어갔다가 청일전쟁을 접하 게 됩니다. 평양은 전쟁터였고, 거기서 부상자들을 치료하다가 전염 병에 옮아 죽고 맙니다. 한국에 온 지 불과 2년 만에 안타깝게 순교를 하게 됩니다. 심신이 지쳐 있었던 부인 로제타 홀은 둘째 출산을 위해 고향 미국으로 돌아갔다가 거기서 "남편이 못다 이룬 조선 사랑을 이 루라"는 하나님의 음성을 듣고 1897년 다시 조선 땅으로 돌아왔습니 다. 하지만 이듬해 세 살 난 딸 '에디스'가 이질로 사망하고 맙니다.

로제타 홀은 큰 슬픔에 잠겼지만 그렇다고 조선에서의 사역을 포기할 수는 없었습니다. 남편과 딸을 잃은 슬픔을 잊기 위해서였을까요? 로제타 홀은 평양 홀(Hall) 기념병원에서 밤낮으로 일을 합니다. 병원일 뿐만 아니라 여성 환우들을 위해 광혜여원을 열고, 어린이 병원, 시각장애인 소녀를 위한 점자 교육, 농아인 학교도 차례차례 시작합니다.

하지만 그즈음 로제타 홀에게 충격과 슬픔의 시간이 또다시 찾아옵니다. 이화학당 시절부터 자신을 따라 의사의 꿈을 키우다 의사가 되어 조선 사람들을 위해 헌신하던 박에스더(김점동)가 35세의 짧은 나이로 숨을 거둔 것입니다. 병명은 폐결핵이었습니다.

박에스더는 로제타 홀과 함께 미국에 건너갔다가 1896년 여자의과대학에 입학해 의학 공부를 했습니다. 하지만 4년의 힘든 공부 끝에 졸업을 앞둔 박에스더는 남편 박유산을 폐결핵으로 잃고 맙니다. 슬픔을 안고 귀국한 박에스더는 로제타 홀을 따라 평양 기홀병원에서 10개월 동안 무려 3천 명에 이르는 환자를 돌볼 만큼 헌신적으로 일하다가 자신도 그만 폐결핵을 이기지 못하고 세상을 뜨게 된 것입니다. 가장 신뢰하고 사랑하는 제자이자 동료, 딸과 같았던 박에스더를 떠나보낸 로제타 홀의 심정은 어땠을까요? 남편과 딸은 전염병으로, 박에스더와 그 남편은 폐결핵으로 떠나보낸 로제타 홀은 남은 생을 조선 땅에 만연했던 결핵 퇴치를 위해 보내게 됩니다.

그녀는 사람들의 무지와 오해, 그리고 결핵이라는 병균과 사투를 벌이며 마침내 1928년 해주에 국내 최초의 결핵 환자 요양소인 해주 구세병원을 짓습니다. 그 개원식에서 로제타 홀은 "나는 큰 기쁨을 맛보았습니다. 이는 조선의 고통 받는 결핵 환자들을 위해 새로운 시대의 막이 열리는 극적인 순간인 것입니다"라고 기뻐했습니다.

하지만 요양병원이 들어서기까지, 그리고 들어서고 나서도 그녀의 결핵과의 싸움은 멈출 줄 몰랐습니다. 『닥터 홀의 조선 회상』이란 책에 보면, 조선에서 결핵과 사투를 벌이는 로제타 홀의 심경이 편지나 일기 형식으로 잘 새겨져 있습니다.

"해주에서는 지금 결핵 환자들의 수가 지나치게 많습니다. 이들이 길에서, 상점에서, 공공장소에서 상당히 많은 병균을 퍼뜨리고 있으므로 매우 위험합니다. 요양소에 격리시키려면 일반인들에게 전염될 걱정은 없어집니다."

"비로소 나는 무지와 미신이라는 단단한 장벽 앞에서 다시 도전하는 수밖에 없다는 생각이 들었다. 나는 심한 좌절을 맛보았으나 조선인들에게 절실히 필요한 요양소를 지어야 한다는 나의 신념은 흔들리지 않았다. 그 당시 결핵은 어떠한 방해도 받지 않고 전국으로 퍼져나가고 있었다. 다른 나라에서는 20명에 한 사람꼴인 이 병이 이 나라에서는 5명 가운데 한 사람의 비율로 희생자가 생겼다. 조선이 구시대에서 신시대로 접어들 무렵인 그 당시 가장 활동력이 강했던 병균은 결핵균이었다. 새로운 교통수단과 통신수단이 생겨났던 때였으므로 병균은 고립된 시골에서 큰 도시로 전염되어 나갔다가 다시 시골로 되돌아와 전염되고 있었다."

"이 무렵까지도 일반 조선인들은 결핵을 '부끄러운 병'으로 생각했다. 악귀의 기분을 상하게 한 사람이 운명적으로 받는 벌이라고 보았다. 결핵 크리스마스실을 사기보다는 오히려 환자가 '신령한 나무'(서낭) 밑에 쌓여 있는 돌무더기를 위해 돌을 몇 개 더 던져 올려놓는다든가 해서 귀신을 달래는 것이 더 좋다고 생각하고 있었다."

결핵에 대한 올바른 인식 전환이 급선무라고 판단한 로제타 홀은 미국에서 막 확산되고 있던 '크리스마스실'을 조선에도 도입하기로 합니다. 이를 위해 크리스마스실 아이디어를 생각해낸 미국 신문의 편집자도 만나고, 당시에는 젊은 화가였던 김기창 화백도 만납니다. 그래서 생각해낸 실의 도안은 거북선. 하지만 이순신 장군을 못마땅하게 생각하던 일제는 거북선 도안이 새겨진 크리스마스실을 불허했습니다. 그래서 '숭례문'을 도안으로 한 조선 최초의 크리스마스실이 1932년 발행돼 나오게 되었습니다. 이와 함께 로제타 홀은 결핵 환자의 완전한 치료를 위해서는 요양과 함께 자립할 수 있는 농장이 필수라고 보고, 미국의 농업 전문가를 데려와 교육을 하기도 합니다. 이 땅의 결핵 퇴치를 위해 할 수 있는 일은 다 했던 것입니다. 이런 그녀를 사람들은 '평양 오마니'라고 불렀습니다. 그녀는 진정 조선 민중의 어머니가 되었던 것입니다.

그녀의 아들 셔우드 홀도 빼놓을 수가 없습니다. 이 땅에 최초의 크리스마스실이 나올 수 있었던 데는 그의 공이 컸습니다. 그는 10대 때부터 아르바이트로 선교사들을 위한 주택을 짓는 등 다양한 방법으로 어머니의 선교 사역에 참여합니다. 누구보다 친하고 정들었던 박에스더 누나가 어느 날 폐결핵으로 쓰러지는 모습을 보고 그 역시도 충격을 받고 결핵 퇴치를 위한 삶을 살기로 다짐합니다. 그리고 미국에 가서 의학 공부를 한 뒤 의사가 되어서 다시 조선으로 돌아왔습니다.

하지만 1940년 일제에 의해 강제 추방을 당해야 했고, 그는 인도로 가서 거기서도 조선에서 했듯 가난한 민중들을 돌봐주고 치료해 주었습니다. 1953년 대한결핵협회가 창립된 것도 결핵 퇴치에 앞장선 홀 가족의 헌신을 기리고 이어받기 위한 것이었습니다. 윌리엄 제임스 홀과 로제타 홀, 그리고 3년이라는 짧은 시간 동안 이 땅에 살다 간 딸 에디스, 1991년 캐나다에서 숨을 거뒀지만 자신의 유언대로 다시 한국으로 온 셔우드 홀은 양화진 선교사 묘원에 묻혀 있습니다.

심각한 북한의 결핵

하지만 지금 북한의 상황은 조선 땅에서 폐결핵을 퇴치하려고 동분서주하던 '평양 오마니'를 다시금 필요로 하고 있습니다. 북한의 결핵은 심각한 수준입니다. 세계보건기구(WHO)의 「2018년도 결핵 연례보고서(Global Tuberculosis Report 2018)」에 따르면, 북한은 결핵 문제가 가장 심각한 30개국 가운데 한 곳입니다. 북한을 제외한 나머지 국가는 모잠비크, 중앙아프리카공화국, 앙골라, 모잠비크 등 주로 아프리카 국가들입니다.

　2017년 북한의 결핵 환자는 정확한 국가 통계가 나와 있지 않지만 10만 명 정도로 추산하고 있습니다. 3만 6천 명의 남한보다 세배가량 더 많습니다. 북한 인구 10만 명당 결핵 유병률은 513명으로 OECD 국가 1위인 남한의 유병률 70여 명보다 6배 이상 많았습니다. 북한보다 유병률이 높은 나라는 레소토(665명), 남아프리카공화국(567명), 필리핀(554명), 모잠비크(551명) 등입니다. 인구 10만 명당 결핵으로 사망하는 숫자는 63명으로 이것은 모잠비크(73명), 중앙아프리카공화국(68명), 앙골라(67명) 다음입니다.

　WHO 등 국제기구에서는 결핵 유병률이 높은 이들 나라에 대해 해마다 결핵 예방백신, 약제 등일 지원해 왔지만 2019년부터는 북한에 대해 지원을 중단하기로 했습니다. 이들 약품에 대한 유통경로와 사용처가 모니터링이 안 된다는 이유에서입니다. 아마도 미국을 비롯한 국제 사회의 강도 높은 대북 제재의 분위기 때문이 아닌가 추측됩니다. 그럼에도 어떠한 정치적 상황에서건 '인도적 지원은 중단되어선 안 된다'는 국제 사회의 원칙이 지켜지기를 바랄 뿐입니다.

　북한의 결핵이 심각하다는 것은 탈북민의 증언을 통해서도 알 수 있습니다. 오랫동안 북한에 대한 제재가 이어지고 그에 맞선 정권 차원의 대결이 빚어지면서 결과적으로 북한 주민들만 힘겨운 '고난의 행군'을 벌여야 했고, 당연히 식량을 비롯해 필요한 약품 같은 의료 혜택을 제대로 받을 수가 없었던 것이죠. 그렇다 보니 건강 상태는 더 악화되고, 주민들은 더욱 생존의 위협에 시달리고 있습니다.

『북한주민의 질병관과 질병형태』(서울대학교 출판문화원, 2015)란 보고서에 의하면, 2000년대 초중반 남한에 들어온 탈북민들의 생생한 증언을 들을 수 있습니다.

"림프결핵이었는데 림프결핵이 터져버렸대요. 어떻게 치료했냐고 하니까 북한에서 뱀을 그 자리에 대면, 뱀이 화농된 고름을 빨아 먹고 뱀은 그 자리에서 즉사한대요. 결핵 환자가 산에 가면 절대로 독사가 접근을 안 한다고 합니다. 즉 독사도 결핵균에 전염될까 봐 겁낸다는 겁니다. 실제인지 아닌지는 모르지만 탈북하신 분들은 이런 생각을 가지고 있어요. 실제로 독사가 물게 해서 림프결핵을 치료했다고 하는데, 3년 후 재발했다고도 합니다."(탈북민 증언)

"요양소 같은 데 가면 안내원들이 담배를 막 핀대요. 이거를 피워야지 균이 죽는다고 생각한답니다."(대북 지원가)

"결핵도 돈이 있을 때는 결핵약을 사서 먹고, 돈이 없을 때는 결핵약을 안 먹는 거야. 결핵약이 도대체 얼마인가 알아봤고요. 해산하고 청진 쪽에서 마이신을 한 달 동안 맞는 게 1만 5,000원이래요. 북한 노동자 임금이 2,000원에서 2,500원 정도밖에 안 되는데, 마이신을 1만 5,000원 주고 어떻게 맞겠어요. 치료가 다 안 된다는 이야기가 나오잖아요."(탈북민 지원가)

물론 고난의 행군 직후에 북한을 빠져나온 사람들의 이야기니까 지금은 상황이 개선되었을 것으로 짐작이 됩니다. 그렇다고 하더라도 국제 사회의 대북제재가 계속되고 의약품이나 시설이 절대적으로 부족한 상황을 감안하면, WHO 통계가 보여주듯 북한의 결핵은 계속해서 심각한 상황을 벗어나긴 어려울 것 같습니다. 그렇다 보니 북한 주민들은 '자력갱생'이라는 구호 속에 엉뚱한 치료책을 찾아 나서는 수밖에 없는 것이죠. 결핵은 무엇보다 결핵에 대한 올바른 지식과 그에 근거한 올바른 처방으로 치료할 수 있는데 말이죠.

국가적으로 '자력갱생'을 강조하다 보니 북한의 의료진도 제대로 된 처방을 내리기 어렵고, 환자들도 민간 풍습이나 자가 진단으로 치료법을 스스로 찾아 나가는 겁니다. 실제로 장마당에서 파는 그저 풍문으로 들은 중국산 약, 심지어 마약 등을 구입해서 섭취하는 경우도 있고, 산 속의 약초를 캐서 먹는 바람에 오히려 간 같은 다른 장기가 나빠지는 경우도 빈번합니다. 무속 행위로 병 치료를 하려는 행태도 많이 일어나고요. 위의 대북 지원가의 전언처럼 균을 죽이기 위해 담배를 마구 피워대는 엉뚱한 행동을 보이기도 하고요. 이렇게 되다 보니 결핵도 내성이 생겨 1, 2차 치료로는 완치가 불가능한, 그래서 더 비용도 많이 들고 치료도 어려운 단계로 빠져들고 있는 상태입니다.

아무튼 요즘 북한이 핵 개발 대신 경제개발로 방향을 전환했다고 하는데, 완전한 비핵화를 통한 완전한 평화체제가 만들어지기 전엔 북한의 결핵 문제도 해결은 어려울 게 불 보듯 뻔합니다.

유진벨재단 이사장 스테판 린턴

하지만 정치적 상황이 어떻든지 변함없이 북한 결핵 환자들을 돌보고 있는 단체가 있습니다. 미국과 한국에 사무실을 둔 '유진벨재단'입니다. 이 재단은 북한 식량난이 한창이던 1995년 대북 식량지원을 위해 설립된 기구입니다. 하지만 먹을 것을 찾아 유랑하는 북한 주민들(이들을 '꽃뱀'이라고 부른다)을 돕다가 북한 당국자로부터 "식량 지원은 지정된 장소에서만 해야 한다"는 말을 듣고 안내받은 곳이 결핵 요양소였다고 합니다. 그때부터 유진벨재단은 대북 식량지원 기구가 아닌 결핵 환자 지원 기구로 성격을 바꾸게 됩니다.

재단이 결핵 환자 지원사업을 시작한 1997년부터 10년 동안 북한 의료기관 70곳을 통해 치료 혜택을 본 북한 주민들은 약 25만 명에 이릅니다. 그리고 2008년부터는 재단이 다제내성(多劑耐性·MDR-TB) 결핵 환자 치료 사업에 주력하게 됩니다. 다제내성 결핵 환자는 잘못된 약 복용 또는 중단으로 인해 결핵의 내성이 커져서 일반적인 결핵 치료로는 완치가 불가능한 상태를 말합니다. 이들 환자는 1인당 약값만 500만 원이 넘게 드는 데다 치료 기간도 18개월 정도가 소요됩니다. 북한 당국은 물론이고 투입 대비 효과가 적다 보니 국제사회의 지원도 외면 받는 분야가 바로 다제내성 결핵 환자입니다. 이 문제의 심각성을 간파한 재단은 2008년부터 본격적으로 돕기 시작했습니다. 2013년에 평양을 비롯한 평안남도 등에 8개 다제내성 결핵치료센터를 설치한 데 이어 2015년에는 치료센터가 12개로 늘어났지만, 포화상태가 돼 지금은 조립식 패널 병동을 신축하는 사업을 시작했습니다.

유진벨재단이 북한의 다제내성 결핵 환자를 본격적으로 돕기 시작한 건 2008년부터인데, 사실 그때부터 남북관계는 정치적으로 꽁꽁 얼어붙은 기간이었습니다. 하지만 유진벨재단은 우리 정부를 설득하고 북한 정부의 신뢰를 얻으며 포기하지 않고 이 사업을 이어 왔습니다. 이것은 북한에 대한 지원이 아니라 통일 준비라고 믿기 때문입니다. 스테판 린턴^{Stephen W. Linton, 한국명 인세반} 유진벨재단 회장은 이렇게 말합니다. "북한 결핵 치료는 북한을 배려하는 것이 아닙니다. 그것은 모든 코리안들의 미래를 더 밝게 하는 응급조치입니다. 이것이야말로 진정한 통일 준비인 것이죠."

4대에 걸쳐 끝없는 선교와 봉사활동을 한 '유진 벨 선교사와 린턴 가문'

재단 앞에 붙은 '유진 벨^{Eugene Bell}'이라는 이름은 조선 선교와 밀접한 관련이 있습니다. 유진 벨 선교사는 조선이 격동기이던 1895년 남장로교 파송 선교사로 목포와 광주에서 많은 교회와 학교, 병원을 세우는 데 앞장섰습니다. 이로 인해 호남의 첫 선교사로 더 잘 알려진 유진 벨^{Eugene Bell, 1868~1925} 선교사는 "조선, 이 백성에겐 복음 외엔 희망이 없다"며 자신의 모든 것을 바쳐 이 땅에 복음의 씨를 뿌렸습니다. 특히 호남 지역 신학의 선구자로 그는 위대한 업적을 남겼습니다. 광주 기독병원, 수피아여학교, 숭일학교, 목포 정명여학교, 영흥학교를 설립하였습니다.

또한 양동교회를 비롯하여 호남 일대에 많은 교회를 세워 이 땅에 복음을 전했습니다. 그러나 부인은 전도 활동 중에 홀로 세상을 떠났고, 재혼한 부인도 교통사고로 먼저 보내야 하는 슬픔을 겪어야 했습니다.

유진 벨 선교사는 1925년 9월 28일 57세의 나이로 별세했으나, 그의 사위 윌리엄 린턴과 손자 휴 린턴(윌리엄 린턴 셋째 아들), 증손자 스테판 린턴(인세반), 존 린턴(인요한)으로 이어진 후손들이 4대에 걸쳐 오늘날까지 한국에 대한 사랑이 이어져 오고 있습니다. 그리고 그의 딸인 샬롯 벨Miss Charlotte Bell, 1899~1974, 한국명 인사래과 결혼한 윌리엄 린턴William Alderman Linton, 1891-1960, 한국명 인돈이 바로 스테판 린턴 회장의 할아버지가 되는 셈입니다. 윌리엄 린턴은 전주 신흥고 교장으로 섬겼고, 한남대를 설립하기도 합니다. 그리고 부인 샬롯 벨은 전주 기전여고 교장을 맡습니다. 샬롯 벨은 늘 학생들 앞에 한복을 입고 섰는데, 그 이유는 학생들에게 '조선을 잊지 말라'는 무언의 강력한 메시지였던 셈입니다. 윌리엄 린턴은 일제강점기 시대 신사 참배를 거부한다는 이유로 강제 출국을 당합니다. 하지만 그는 해방된 뒤에 다시 귀국합니다.

그의 아들인 휴 린턴Hugh Macintyre Linton, 1926~1984, 한국명 인휴은 군산에서 태어나 나중에 미국에서 자라지만 다시 한국으로 돌아와 전라남도의 섬과 벽지를 다니며 교회를 무려 200곳이나 개척합니다. 늘 검정고무신을 신고 다니던 그를 사람들은 언제부턴가 '검정 고무신'이란 친숙한 별명을 붙여 줬습니다. 그리고 1960년대 전남 순천에 수해가 나고 결핵이 유행하자 부인과 함께 결핵 진료소와 요양소를 운영합니다. 중간에 남편이 죽는 아픔 속에서도 부인 인애자는 35년간이나 우리나라의 결핵 환자를 돌보는 데 헌신합니다.

그리고 유진 벨 선교사의 조선 선교 100주년인 1995년, 스테판 린턴 회장은 북한의 식량난을 돕기 위한 인도적 민간기구인 유진벨재단을 설립합니다. 스테판 린턴 회장은 1995년부터 지금까지 70차례 이상 북한을 오가며 아픈 북한 동포들을 어루만지고 있습니다. "주린 자에게 먹을 것을 주고 병든 자를 돌보라"는 예수님의 명령을 그대로 순종하고 있는 것입니다.

유진 벨과 윌리엄 린턴 선교사를 비롯한 그 후손들은 대를 이어 한국을 사랑했고, 또 사랑하고 있는 분들입니다. 이분들에겐 북한 동포나 남한 동포나 똑같이 주님의 사랑을 필요로 하는 한 동포입니다. 어떻게 보면 우리는 정치적인 이유로 이념적인 이유로 북한 동포에 대한 인도적 지원조차 끊을 때가 있었지만, 이들은 어떤 상황에서도 도움의 손길을 거두지 않았습니다. 이러한 예수님의 사랑을 실천한 이분들을 생각하면 더욱 부끄러운 마음이 듭니다.

07

조선을
불 밝힌
언론

오늘날 우리는 매일같이 쏟아지는 정보의 홍수 속에서 살고 있습니다. 신문, 라디오, TV, 영화, 각종 잡지 등 매스미디어는 이미 우리 삶의 일부가 된 지 오래입니다. 최근에는 인터넷과 정보통신 기술의 발달로 인해 스마트폰이 널리 보급이 되면서, 많은 사람들이 이곳저곳에서 사진을 찍고 동영상을 촬영하며 수집한 많은 정보들을 각종 SNS를 통해 공유하는 것이 일상이 되었습니다. 남녀노소를 불문하고 스마트폰 화면에 연신 새롭게 업데이트되는 글과 동영상 뉴스 등을 보느라 여념이 없습니다. 현대 사회에서 미디어 없는 우리의 삶은 상상조차 할 수가 없지요.

우리나라에 처음으로 언론 매체가 등장한 것은 구한말에 이르러서입니다. 그때까지는 뉴스라고 해봐야 이따금씩 조정이나 관아의 명의로 동네 곳곳에 내붙이는 벽보가 고작이었죠. 따라서 5일이나 10일에 한 번씩 서는 장날은 중요한 날이었습니다. 필요한 물건을 사고팔기 위해서도 그렇지만 새로운 소식을 얻는 통로였기 때문입니다. 이 같은 정보의 빈곤에 놓인 상황은 양반이나 상민이라고 해서 다르지 않았습니다. 전국의 장터를 누비는 보부상들을 만나 단편적인 소식이라도 전해 듣는 게 이들에게는 세상 소식을 아는 거의 유일한 방법이었습니다.

조선 후기에 제대로 된 언론이 있었다면?

구한말의 조선은 일본을 비롯한 서구 열강들의 이권 쟁탈전과 조선 왕정 자체의 구조적인 모순 등으로 인해 그야말로 혼돈의 소용돌이에 휘말려 있었습니다. 따라서 그 어느 때보다 국내외 정세에 대한 정확한 정보와 국민들의 뼈저린 각성이 필요한 시기였지요.

역사에 '만약에(if)'라는 말은 없다지만, 당시에 언론이 보편화되어 있어서 지금처럼 국내외 정세를 알기 쉽게 풀어 주었다면 어땠을까요? 즉, 당시의 세계적인 흐름에 대한 설명과 함께 청나라와 조선을 둘러싼 열강들의 의도를 분석해주는 한편, 조선 조정 내에서 벌어지고 있는 파벌 다툼과 그로 인해 야기될 치명적인 폐해를 사람들에 널리 알렸다면 어땠을까요? 아마도 많은 국민들이 국내외 정세에 눈을 떴을 것이고, 각성된 국민들은 왕정 대신 의회를 중심으로 한 입헌군주제나 공화제를 선택했을 지도 모릅니다. 적어도 우리나라가 일제의 식민지로 전락하는 일만큼은 막을 수 있지 않았을까요? 아무튼 동서양을 막론하고, 건전한 언론을 통해 국민들을 계몽하고 각성시키는 일은 매우 중요합니다.

신기하게도 복음이 들어가는 곳마다 병원과 학교가 세워지고, 정치제도가 민주적으로 바뀔 뿐만 아니라, 건강한 언론이 세워졌습니다. 영국과 미국은 대표적인 민주주의 국가인데요, 민주주의를 세우고 유지하는 원동력은 각성된 국민들이며, 또한 그 국민들을 깨우는 것이 건강한 언론임을 감안할 때, 영국이나 미국이 건강한 리더십으로 세계를 리드할 수 있었던 데에는 언론의 역할이 결코 적지 않을 것입니다.

영국의 공영방송인 BBC와 유력 일간지인 가디언, 미국의 뉴스 전문 채널인 CNN 및 뉴욕타임스, 워싱턴포스트 등의 주요 일간지들은 영국이나 미국 국내만이 아니라 전 세계적으로 수많은 청취자와 구독자를 자랑하고 있습니다. 이들 언론이 보도하는 내용은 곧바로 세계 각국의 언론들이 앞다퉈 전합니다. 세계 여론을 주도하는 언론사가 속한 국가들이 세계를 리드하는 것은 어찌 보면 당연한 일인지도 모르겠습니다.

복음은 불의와 거짓을 몰아내고 정의와 진실을 추구합니다. 언론의 역할이 꼭 이와 같습니다. 복음의 역할과도 잇닿아 있는 언론은 하나님이 세계를 경영하시는 도구 중의 하나라고 봐도 무방할 것입니다.

우리나라 최초의 근대 신문은 구한말의 「한성순보(漢城旬報)」인데요, 이는 1883년 10월 31일 박영효 등 개화파가 주도하여 창간한 정부 신문으로 우리나라 최초의 근대식 인쇄소인 박문국에서 순보

(旬報)라는 말 그대로 10일에 한 번씩 발간했습니다. 「한성순보」는 일부 지식인들 사이에서는 인기가 있었다고 하나, 순한문으로 간행됨에 따라 널리 일반 백성들한테까지 퍼질 수 없었습니다. 이러한 태생적 한계를 가지고 있었던 「한성순보」는 이듬해 12월에 발생한 갑신정변의 소용돌이 속에서 박문국이 불에 타 소실되면서 폐간되는 운명을 맞았습니다.

그러나 신문의 중요성과 필요성에 대한 정부의 인식까지 사라진 것은 아니었습니다. 구한말 정부는 「한성순보」를 다시 복간하는 형태로 이름을 「한성주보(漢城周報)」로 바꿔 1886년 1월 25일부터 새롭게 발간을 개시합니다. 「한성주보」는 주보(周報)라는 이름에서 알 수 있듯이, 일주일에 한 번씩 발행하는 주간지였는데요, 국한문을 혼용해 발간했습니다. 따라서 신문에 처음으로 한글이 쓰였다는 점에서 의의가 있다고 볼 수 있겠지요. 그러나 유감스럽게도, 「한성주보」도 2년 6개월 정도 유지되다가 재정난으로 중단되고 맙니다. 정부가 발행하는 신문이 재정난 때문에 중단된다는 것이 도통 이해가 되지 않지만, 그만큼 당시 구한말 정부의 재정 상태가 말이 아니었던 것을 알 수 있습니다.

당시 조정 내에서는 조선의 법과 제도를 유지하면서 서양의 과학기술만을 받아들이자는 온건개화파, 서구의 근대적인 사상과 제도까지도 적극적으로 도입하여 조선을 총체적으로 바꿔야 한다는 급진개화파, 그리고 오로지 쇄국 정책만을 고수하는 수구파로 나뉘어 치열한 당파 싸움을 벌이고 있었습니다. 이 세력들이 각각의 이해관계에 따라 그때그때 일본이나 청나라, 러시아, 미국 등 외세와 결탁하면서 조선의 앞날은 한 치 앞도 내다볼 수 없는 혼란 속에 빠져들었습니다. 이러한 와중에 「한성순보」와 「한성주보」는 조선의 시스템은 그대로 두고 서양의 과학기술만을 도입하자는 온건개화파의 주장을 대변했습니다.

출판 근대화에 초석을 놓은 올링거 선교사

위에서 설명한 바와 같이, 재정난으로 인해 정부의 신문 발행이 중단된 상황 속에서, 각종 서적 및 잡지 등의 대량 출판을 통해 우리나라를 외국에 알리는 노력을 적극적으로 펼쳐나간 이들도 다름 아닌 선교사들이었습니다. 그 초석을 놓은 사람이 1887년에 내한한 미국 북감리교 선교사 프랭클린 올링거Franklin Ohlinger, 1845~1919입니다. 올링거 선교사는 조선에 오기 전에 중국에서 16년간 선교사로 활동하고 있다가 아펜젤러 선교사의 요청으로 서울 정동의 배재학당 교사로 부임합니다.

무엇보다도 출판사업의 중요성을 절감하고 있던 올링거는 1890년 배재학당 안에 삼문출판사를 설립합니다. 이 출판사는 당시 정부의 박문국 인쇄시설을 제외하고는 국내 유일의 인쇄소였는데요, 한글, 영어, 중국어 세 가지 언어로 인쇄, 출판되었기 때문에 삼문(三文)이라는 명칭이 붙었다고 합니다. 또한 올링거는 1892년에 우리나라 최초의 영문 잡지 *The Korean Repository*를 간행합니다. 이 잡지는 조선의 정치, 경제, 사회, 문화, 풍습, 언어 등을 해외에 알리는 데 크게 공헌하였으며, 외국 사람들과 한국에 파송될 예비 선교사들에게 각종 정보를 사전에 제공하였습니다.

안타깝게도, 올링거 부부는 1893년 초여름에 어린 두 자녀를 병으로 연달아 잃는 아픔을 겪습니다. 두 자녀를 양화진에 묻은 후, 동년 9월 약 6년간에 걸친 한국 사역을 마치고 미국으로 돌아간 올링거는 1895년에 다시 중국으로 들어가 1911년까지 선교사로 헌신하다가 은퇴합니다. 비록 한국에서의 선교생활은 길지 않았으나, 올링거는 한국 기독교는 물론 인쇄와 출판 및 교육 사업에서 큰 족적을 남긴 인물로서, 한국 문서 선교와 출판 근대화의 선구자로서 평가받고 있습니다.

한편, 구한말 언론을 언급할 때 결코 빼놓을 수 없는 미국인이 더 있습니다. 바로 호머 헐버트^{Homer B. Hullbert, 1863-1949} 선교사인데요, '한국인보다 한국을 더 사랑한 미국인'으로 잘 알려진 분이죠. 그토록 한국을 사랑했던 헐버트의 인물 속으로 들어가 보겠습니다.

한국인보다 한국을 더 사랑한 헐버트, 서적출판과 언론을 통한 국민계몽과 독립운동을 펼치다

헐버트는 미국에서 매우 저명한 집안의 둘째 아들이었습니다. 아버지는 대학 총장이자 목사였고, 어머니는 아이비리그 대학(미국 동부 8대 명문 사립대) 중 하나인 다트머스 대학 설립자의 후손이었습니다. 그는 1884년 다트머스 대학을 졸업하고 유니언 신학대학 재학 중에 조선이라는 나라에서 근대식 관립학교인 육영공원(育英公院)을 만드는데 영어 교사가 필요하다는 얘기를 듣고, 1886년 7월 5일 조지 길모어^{George W. Gilmore, 1857-?} 선교사, 달지엘 A. 벙커^{Dalziel A. Bunker, 1858-1932} 선교사와 함께 처음 조선 땅을 밟습니다. 하지만 이내 조선의 교육 현실에 환멸을 느낍니다. 육영공원의 특성상 대부분의 학생들은 부패한 관리들의 자녀들이었는데요, 이들이 학업에 열성을 보이지 않았던 것입니다. 그는 결국 1891년 12월 교사직을 사임하고 미국으로 돌아가 오하이오주 제인즈빌에 있는 퍼트남 군사학교(Putnam Military Academy of Zanesville)에서 교편생활을 합니다.

그러나 미국으로 돌아간 후에도 조선에 대한 사랑을 저버릴 수 없었던 헐버트는 잠시 안식년 차 미국에 와 있던 아펜젤러 선교사로부터 조선에서 다시 봉사할 것을 권유받고, 1893년 9월 이번에는 교사가 아닌 감리교 선교사 자격으로 가족과 함께 조선 땅을 다시 밟습니다. 주위 사람들은 그에게 배재학당 교사를 권유했지만 그는 거절하고 배재학당 내의 감리교 출판사인 삼문출판사 운영을 자원합니다. 언론의 역할과 중요성을 잘 알고 있었던 헐버트는 올링거가 귀국함으로 인해 휴간되었던 *The Korean Repository*를 속간하였고, 1899년에 동 잡지가 폐간되자 1901년 *The Korea Review*라는 이름의 영문 월간지를 새로 창간합니다. *The Korean Repository*와 *The Korea Review*는 모두 소식지이자 학술지로서 전반적인 한국 내부 사정을 서방세계에 알리는 데 큰 공헌을 합니다.

예를 들면, *The Korean Repository*는 1897년 명성황후 시해 소식을 해외에 전했으며, *The Korea Review*는 일제의 야만적인 탄압 행위와 침략정책의 부당성을 규탄하는 기사를 꾸준히 게재했습니다. 결국 헐버트가 발행하는 *The Korea Review*는 일본 당국의 감시하에 놓이게 되었고, 1906년 12월 호를 마지막으로 발행이 중단됩니다.

헐버트는 국내의 다른 어느 선교사들보다 한국의 역사와 전통문화에 대한 이해가 깊었으며, 한글의 우수성에 대해서도 깊이 인식하고 있었습니다. 그는 육영공원의 교사로 재직 중인 1891년에 세계지리와 문화를 소개하는 내용의 교과서 격인 『사민필지(士民必知)』를 한글로 출판했는데요, 이것이 조선 최초의 순한글 교과서입니다. 『사민필지』는 '선비와 백성이 꼭 알아야 할 지식'이라는 뜻으로 세계 각국의 지리 및 사회가 소개되어 있습니다. 헐버트는 이 책의 서문에 "조선 언문이 중국 글자에 비하여 크게 요긴하건만 사람들이 요긴한 줄도 알지 아니하고 오히려 업신여기니 어찌 안타깝지 아니 하리오"라고 썼을 정도로 천대받던 한글에 대해 안타까움을 표시했습니다.

또한 1896년에는 입에서 입으로만 전해 내려오던 '아리랑'을 역사상 최초로 서양 음계로 채보하여 *The Korean Repository*에 게재해 전 세계에 소개하였으며, 1905년에는 우리나라 최초의 종합

역사서인 『한국사(The History of Korea)』를 출간하였습니다.

한편, 1904년의 청일전쟁이 일본의 승리로 끝나자, 미국 공사관은 자국의 선교사들이 조선의 정치적 문제에 절대 개입하지 말 것을 지시합니다. 일본과의 관계 악화를 우려했던 것이죠. 이에 일부 선교사들은 정치에는 관여치 않는다며 일본의 만행에 눈을 감았으나, 헐버트는 고통받는 한국인을 돕는 것이 '참선교'라며 적극적으로 외교 문제에 개입하는데요, 대표적인 활동이 1905년 11월에 고종의 특사로서 미국에 파견된 일입니다.

1905년 러일전쟁에서 승리한 일본이 조선을 식민지화하려는 야욕을 노골적으로 드러내자, 헐버트는 루스벨트 대통령에게 고종의 친서를 전달하고자 했던 것이죠. 그러나 불과 수개월 전인 1905년 7월에 필리핀에 대한 미국의 이권 보장과 조선에 대한 일본의 지배권을 각각 인정하는 이른바 '가쓰라-태프트 밀약(The Katsura-Taft Agreement)'을 이미 체결했던 미국은 헐버트에게 시간을 끌며 만나주지 않았습니다. 결국, 동년 11월에 을사늑약이 강제로 체결되고 조선의 외교권은 박탈됩니다.

헐버트는 을사늑약 직후인 1906년에 『대한제국 멸망사(The Passing of Korea)』를 간행하여 구한말 한반도를 둘러싼 열강들의 이해관계와 조선의 현실에 대한 자신의 견해를 서술하였습니다. 헐버트는 이 책에서 특히 "한민족이 나라를 빼앗긴 주된 원인은 미국이 조미수호통상조약을 위반하고 친일 정책을 펼쳤기 때문"이라며 자신의 조국을 강력히 규탄하였습니다. 1882년에 체결된 조미수호통상조약의 제1조에는 "제3국이 체결 당사국의 어느 한 나라에 대하여 부당하게 또는 억압적으로 행동할 때 다른 당사국도 권고와 주선을 다함으로써 그 우의를 표시하여야 한다"라고 규정되어 있으니, 명백한 조약 위반이었던 것이죠.

헐버트의 조선을 위한 국권 회복운동은 여기서 그치지 않았습니다. 1907년 6월 네덜란드 헤이그에서 제2차 만국평화회의를 개최한다는 사실을 알게 된 그는 고종에게 이 사실을 알리면서 이 회의를 통해 을사늑약 체결의 불법성을 알리는 외교적인 통로로 활용할 것을 권고합니다. 이에 고종은 이상설, 이준, 이위종 세 사람을 밀사로 파견했으며, 헐버트 자신도 헤이그로 함께 가서 한국 대표로 참석하기 위해 노력했으나, 일본의 압력으로 특사들의 회의 참석은 끝내 무산되고 맙니다. 일제는 헤이그 밀사 파견 사건을 빌미로 고종을 강제 폐위시키는데요, 헐버트 또한 일제의 압력을 받고 미국 정부의 소환 형식으로 조선을 강제로 떠납니다.

그러나 헐버트는 미국으로 돌아간 후에도 강연 및 기고와 저술 활동을 통해 한국의 독립운동을 지원합니다. 1909년 미국 포틀랜드 한 교회의 강연에서 "나는 언제나 한국민을 지지할 것이다. 그들은 모든 권리와 재산을 빼앗겼다. 나는 죽을 때까지 그들을 대변할 것이다"라고 선언했으며, 1915년 12월 12일 자 「뉴욕타임스」 기고문에서는 "루스벨트 대통령은 정식으로 조약을 맺은 친구의 나라, 한국을 배신한 사람이다"라고 원색적으로 비난했습니다.

우리 민족의 영웅인 안중근 의사는 1909년 10월 26일 하얼빈 역에서 조선 통감 이토 히로부미를 저격한 후, 뤼순감옥에서 일본 경찰에게 취조를 받는 과정에서 헐버트에 대해 다음과 같이 진술했다고 합니다.

> "헐버트는 이토가 혹독한 정략을 사용하여 각국의 이목을 가리고 있을 때, 한국을 위해 분개하고 각국을 향해 한국의 진정을 발표해 준 사람이다. 한국을 위해 진력한 공을 몰각하지 못할 것이다. 한국인으로서는 하루도 잊을 수 없는 인물이다."

아울러 헐버트가 1934년에 모교인 다트머스 대학에 제출한 '졸업후신상기록부(Post Graduate Data)'에는 다음과 같은 글이 남겨 있다고 합니다.

> "나는 천팔백만 한국인들의 권리와 자유를 위해 싸워왔으며 한국인들에 대한 사랑은 내 인생의 가장 소중한 가치이다. 결과가 어떻게 되든 나의 그러한 행동은 값어치 있는 일이라고 생각한다."

한국인에 대한 사랑이 곧 헐버트의 인생 그 자체임을 고백한 것입니다. 한국인이라면 그의 한국 사랑에 감동 받지 않을 수가 없을 것입니다.

독립신문과 출판에 공헌한 헐버트 선교사

한편, 헐버트는 1896년부터 발간된 「독립신문」 출간에도 깊게 관여합니다. 1896년 4월 7일 서재필이 창간한 「독립신문」은 우리나라 최초의 민간 신문이자 한글 신문입니다. 서재필은 1884년에 발생한 갑신정변의 주역 중 한 사람이었는데요, 이 정변이 실패로 끝남에 따라 정변 가담자들은 모두 역적으로 몰렸습니다. 역적은 당사자뿐만 아니라 그 가족들까지도 함께 몰살을 당해야 합니다. 따라서 서재필의 부모형제와 처자식들은 역적의 가족으로 몰려 한순간에 목숨을 잃어야 했고, 서재필 혼자만이 가까스로 몸을 피해 일본을 거쳐 미국으로 망명했습니다.

하지만 서재필의 미국 생활은 순탄하지 않았습니다. 혈혈단신인데다가 영어가 서툴러서 취업도 되지 않았기 때문이지요. 그는 낮에는 노동을 하고, 밤에는 기독교청년회에서 영어를 공부합니다. 일요일에는 예배, 성경공부, 기도회 등 각종 교회 모임에 적극적으로 참여하는데요, 신앙심이 깊어서가 아니라 영어를 배우고자 하는 일념 때문이었죠. 결국 이런 과정을 통해 서재필은 독실한 기독교인이 됩니다. 마치 가랑비에 옷 젖듯 '생명의 말씀'이 서재필의 영혼을 적신 것이지요.

서재필은 1890년 6월, 한국인 최초로 미국 시민권을 취득합니다. 언제가 조국으로 돌아가 봉사하려면 미국 시민권을 가지고 활동하는 것이 유리할 것이라고 판단했기 때문입니다. 그 후 1894년의 갑오개혁으로 개화파 정부가 수립되면서 서재필 등 갑신정변 주역들에 대한 사면령이 내려지자, 그는 조선을 떠난 지 11년만인 1895년 12월에 귀국합니다. 개화파 정부는 서재필을 외부협판(지금의 외교부 차관)으로 기용하려 했으나, 서재필은 이 같은 제의를 사양하고, 정부의 재정 지원을 받아「독립신문」을 창간합니다. 그는 권력의 외부에서 미국 시민의 자격으로 신문을 간행하여 민중을 계몽하고자 했던 것입니다.

그러나 서재필은 당시 한국 사정에 밝지 않았을뿐더러 신문 발행 경험도 전혀 없었기 때문에 삼문출판사의 책임자인 헐버트에게 도움을 청합니다. 헐버트는「독립신문」발행이 한국인들에게 매우 유익할 것으로 판단하여 인쇄 직원 두 명을 지원하는 한편, 자신이 운영하는 삼문출판사에서「독립신문」을 인쇄할 수 있도록 흔쾌히 허락합니다. 또한 헐버트는「독립신문」의 한 페이지를 장식하던 영문판 *The Independent*의 기사 작성 및 편집을 책임졌습니다.

「독립신문」은 발간과 동시에 조선 사회에 큰 반향을 일으켰습니다. 순한글로 간행된 신문이기 때문이지요. 아울러 어느 한쪽에 치우침 없이 빈부귀천을 구분하지도 않고, 모든 조선 사람들의 대변지가 될 것을 분명히 한 점도 사람들이 기대를 갖기에 충분했습니다. 서재필이 직접 지은 1896년 4월 7일 자「독립신문」창간호 논설에는 다음과 같이 이 점을 분명히 하고 있습니다.

"우리는 첫째 편벽되지 아니한고로 무슨 당에도 상관이 없고, 상하귀천을 달리 대접하지 아니하고 모두 조선 사람으로만 알고 조선만을 위하여 공평히 백성에게 말할 터인데, 우리가 한성 백성만을 위할 게 아니라 조선 전국 백성들을 위하여 무슨 일이든지 대언하려 주려 함."

이어서 서재필은 띄어쓰기를 도입하는 취지에 대해서도 다음과 같이 언급하고 있습니다.

"모두 언문으로 쓰기는 남녀, 상하귀천이 모두 보게 하려 함이요, 또 귀절을 떼어 쓰기는 알아보기 쉽게 하도록 함이라."

최초로 한글에 띄어쓰기를 사용한 사례는 1877년 스코틀랜드 출신의 존 로스John Ross, 1842-1915 선교사가 쓴 『조선어 첫걸음』이라고 합니다. 그러나 상기 인용문에서 알 수 있듯이 우리말에서 띄어쓰기가 본격적으로 사용되기 시작한 것은 「독립신문」을 발간 때부터인데요, 이때 띄어쓰기를 도입한 사람이 바로 헐버트라고 합니다. 헐버트는 순한글로 「독립신문」을 간행할 즈음에 주시경 등과 더불어 한글을 연구했고, 그 과정에서 띄어쓰기와 점찍기를 도입했다고 합니다. 한글에 처음으로 띄어쓰기를 도입하고, 이를 본격적으로 활용한 사람이 파란 눈의 서양인이라는 사실이 놀랍지 않나요? 이후 1933년 조선어학회가 제정한 '한글맞춤법통일안'이 나오면서 띄어쓰기가 보편화되었다고 합니다.

이처럼 「독립신문」 출현이 사회적으로 큰 반향을 일으키자, 이에 자극받은 개화파 지식인들의 주도 아래 1898년 새로운 민간신문인 「미일신문」, 「뎨국신문」, 「황성신문」 등이 잇달아 창간되었습니다. 비록 「독립신문」은 친러 수구파 정부로부터 탄압을 받아 1899년 12월에 폐간되었으나, 다른 신문들이 우후죽순 간행되면서 이 시기에 우리나라에도 근대적인 신문제도가 정착하게 된 것이죠.

아울러 신문 발행이 일반적으로 널리 확대될 수 있었던 데는 누구나가 알기 쉬운 한글로 간행되었기 때문입니다. 즉, 한글의 보편화가 가장 큰 공로를 세운 셈인데요, 그 뒤에는 한국인들에게 한글의 우수성을 일깨우면서 한글이 널리 사용될 수 있도록 끊임없이 고민했던 헐버트의 숨은 노력과 땀이 있었기 때문이라고 할 수 있을 것입니다.

베델 "내가 한국을 위해 싸우는 것은 하나님의 소명"

우리가 구한말 언론을 얘기할 때, 빼놓을 수 없는 또 한 사람이 있는데요, 바로 「대한매일신보」를 창간한 어니스트 베델[Ernest Thomas Bethell, 1872-1909]입니다. 베델은 1904년 영국 런던에서 발행되던 *Daily Chronicle*의 특파원으로 처음 한국에 방문하는데요, 일본에 대해 우호적인 기사를 강요하는 신문사 방침에 반발해 사직하고, 그 해 7월 양기탁과 함께 순한글 신문인 「대한매일신보」와 영문판 「코리아데일리뉴스」를 창간합니다.

당시는 일본이 국권침탈 야욕을 노골적으로 드러내던 시기였습니다. 1905년의 러일전쟁에서 승리하여 한반도에 대한 지배권을 쟁취한 일본은 같은 해 11월에 을사늑약을 강제로 체결한 이후, 서울에 통감부를 설치합니다. 아울러 조선에 대한 내정 간섭을 더욱 강화하는 수단으로 언론에 대한 사전 검열도 실시하였습니다. 이에 국내의 민족지들은 크게 위축이 될 수밖에 없었는데요, 이런 상황에서 조선의 상황을 대내외로 널리 알리는 한편, 일제의 침략 행위를 격렬하게 규탄하며 조선의 대변지가 되어준 신문이 바로「대한매일신보」입니다. 이 신문은 베델 명의로 발행이 되었는데요, 당시 영국인은 한국에서 치외법권의 특권을 누리고 있었기 때문에 베델 명의의 신문은 일제의 검열과 압수를 피할 수 있었습니다.

베델의「대한매일신보」는 일제의 언론 탄압 속에서도 신속한 보도와 준열한 논설로 한민족의 항일민족의식을 고취시키는 데 지대한 역할을 합니다. 오죽했으면, 초대 통감인 이토 히로부미(伊藤博文)가 "통감인 나의 백 마디 말보다 신문의 일필이 한국인을 감동케 하는 힘이 크다. 그중에도 일개 외국인의 대한매일신보는 일본 시책을 반대하고 한국인을 선동함이 계속되고, 끊임이 없으니 통감으로서 가장 힘든 일이 아닐 수 없다"라고 한탄했을까요.

이 때문에 조선통감부는 1908년에 베델이 일본인을 배척하고 한국인을 선동한다는 이유로 영국 상하이 고등법원에 베델을 제소하였고, 유죄 판결을 받은 베델은 상하이로 호송되어 3주간의 금고 생활을 해야만 했습니다. 그러나 베델은 서울에 돌아온 후에도 일제의 탄압에 대한 비판을 멈추지 않았으며, "내가 한국을 위해 싸우는 것은 하나님의 소명이다"라고 말했다고 합니다. 결국 베델은 스트레스와 심장질환으로 인해 1909년 5월 1일, 36세의 젊은 나이에 사망하여 양화진 외국인 묘지에 안장됩니다. 그의 급작스러운 죽음에 전국 방방곡곡에서 애도와 추모의 물결이 끊이질 않았습니다. 독립투사이자 「대한매일신보」의 주필을 역임했던 박은식은 다음과 같이 베델의 죽음을 탄식했습니다.

> "하늘이 공을 보내고는 다시 데려갔구나. 구주의 의혈남아 동쪽의 어둠을 씻어내고자 삼천리 방방곡곡에 신문을 뿌렸네. 꽃다운 이름 남아서 다함없이 비추리."

베델과 함께 「대한매일신보」를 창간했던 양기탁은 다음과 같은 추모의 글을 통해 통탄의 마음을 나타내었습니다.

> "대영 남자가 대한에 와서 한 신문으로 어두운 밤중을 밝게 비추었네. 온 것도 우연이 아니건만 어찌 급히 빼앗아갔나. 하늘에 이 뜻을 묻고자 하노라"

베델의 장례식에는 수많은 조문객이 몰렸는데요, 이와 관련해서 「대한매일신보」는 다음과 같이 전하고 있습니다.

> "양화도(양화진) 장지로 가는 한국인 가운데 곡하는 자들이 상당수였고, 부인

들도 배설(裵說) 공(公)의 집 근처에서 통곡했다. 영국 목사 터너가 장례식을 인도하고 한국 목사 전덕기가 기도한 뒤 성분(관을 묻고 묘를 흙으로 쌓아 올리는 것)을 하였는데 많은 이들이 분상(봉분) 앞에서 절하며 그를 기렸다. 장지까지 따라온 인원은 내외국인 합쳐서 1,000여 명이었다."

베델은 숨을 거두면서 "내가 죽더라도 대한매일신보는 영원히 살아남게 하여 한국 동포를 구해 주시오"라는 유언을 남겼다고 합니다. 그의 유언대로 「대한매일신보」는 여전히 「서울신문」이라는 이름으로 그 명맥을 잇고 있습니다.

"나는 웨스트민스터 사원보다 한국 땅에 묻히기를 원하노라"

다시 헐버트 이야기를 해 보겠습니다. 대한민국 정부 수립 이듬해인 1949년 7월 1일, 연세가 지긋해 보이는 백발의 미국인 노인이 워싱턴 D. C.의 주미 한국대사관을 나서고 있었습니다. 그때 한 AP 통신 기자가 그 노인에게 다가가서 40년 만에 한국을 방문하는 소회를 묻습니다. 노인은 어린아이 같이 들뜬 표정으로 "나는 웨스트민스터 사원보다 한국 땅에 묻히기를 원합니다"라고 대답합니다. 이 노인이 바로 한국의 복음화와 독립을 위해 일생을 바친 헐버트입니다.

웨스트민스터 사원은 영국 왕들의 대관식이 거행되는 장소입니다.

왕실의 결혼식과 장례식도 이곳에서 치러지며, 내부에는 영국의 역대 왕들과 여왕들뿐만 아니라, 각계의 유명인들이 잠들어 있는 곳이기도 하지요. 우리에게도 너무나 잘 알려진 정치가로는 처칠, 문학가로는 셰익스피어와 찰스 디킨스, 과학자로는 뉴턴과 다윈, 음악가로는 헨델 등의 묘와 기념비가 있습니다. 즉, 웨스트민스터 사원에 묻힌다는 것은 영국인들에게 더할 나위 없는 최고의 영광인 거죠.

한국 땅에 묻히기를 더 소원할 정도로 한국을 사랑했던 헐버트에게 한국 땅을 다시 밟는 것은 너무나도 가슴 벅찬 일이었던 것입니다. 그는 이승만 대통령의 초청으로 1949년 광복절 행사에 참석할 예정이었습니다. 헐버트는 86세의 노구를 이끌고 샌프란시스코에서 배를 타고 한 달여 만에 인천항에 도착합니다. 그러나 고령과 여독으로 곧바로 병원에 입원을 했고, 꿈에 그리던 한국 땅을 밟은 지 일주일 만에 병원에서 생을 마감합니다. 헐버트의 장례는 최초의 외국인 사회장으로 장엄하게 치러졌으며 그의 유해는 그가 바라던 대로 양화진 외국인 묘지에 안장되었습니다. 그리고 그의 묘비명에는 다음과 같이 적혀 있습니다.

나는 웨스트민스터 사원보다 한국 땅에 묻히기를 원하노라.

헐버트가 무엇보다 마음 아파했던 것은 광복 뒤 찾아온 분단 소식이었습니다. 헐버트의 아들 윌리엄 헐버트의 말입니다.

"선친께서는 2차 세계대전의 종식과 더불어 해방된 한국이 자유롭고도 독립된 국가가 되기를 40년 동안이나 염원하면서 살았으며, 일생 동안 그 소망을 버린 적이 없습니다. 해방된 이후 한국은 핏줄이 같은 민족이면서도 타의에 의해 제멋대로 그어진 38선에 의해 남북으로 분단되었을 때, 당신께서는 깊은 실의와 슬픔에 빠졌었습니다. 통일된 한국이 그러한 역경을 딛고 일어서서 자신에게 그토록 소중하고도 찬란한 미래를 이룩하게 되는 것이 선친의 간절한 소망이었다고 나는 확신합니다."

우리 모두는 혼란스럽고 암울하던 구한말의 조선을 희망의 불빛으로 밝혀주던 선교사들에게 사랑의 빚을 진 자들입니다. 그 빚을 어떻게 하면 갚을 수 있을까요? 하나님의 부르심을 받아 이 땅에 복음을 전하며 일생을 바친 선교사들의 바람이었던, 그리고 헐버트의 꿈이었고 베델이 목숨까지 바쳐가며 이루고자 했던 조선의 독립은 지금처럼 둘로 쪼개진 상태의 모습은 결코 아닐 것입니다. 그 빚을 갚는 방법은 남북이 분단된 이 땅이 대립과 반목을 넘어 진정한 화해와 통합의 길로 나아가 온전한 하나를 이루는 것 아닐까요? 이것이야말로 조선을 위해 목숨까지 던져가면서 헌신하신 분들에게 진 빚을 일부라도 갚는 길이 아닐까요?

08

미션스쿨,
근대교육의
서광을 비추다

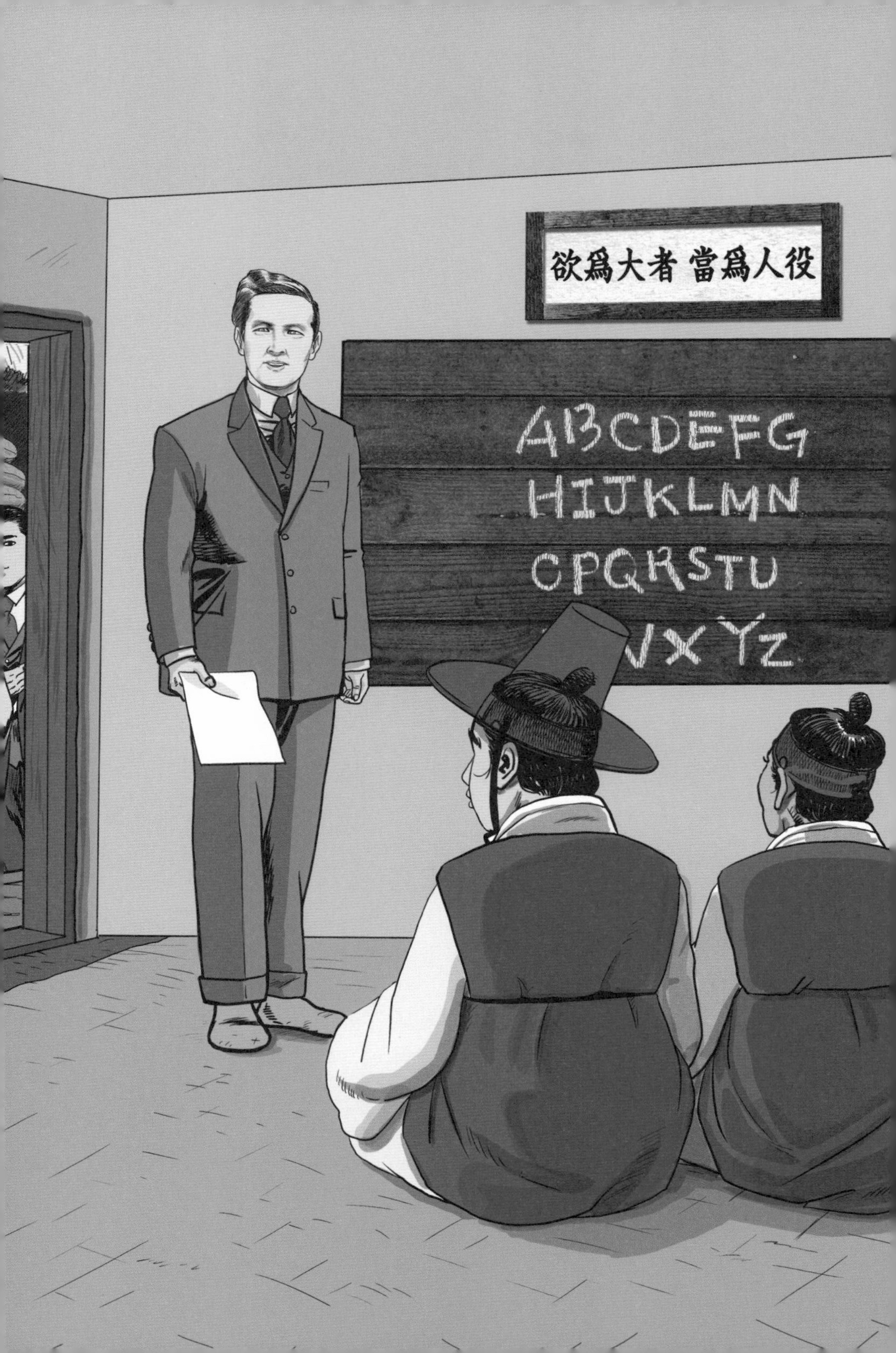
欲爲大者 當爲人役
ABCDEFG
HIJKLMN
CPQRSTU

우리나라에 근대식 교육제도가 도입되기 전까지 조선의 교육 실태는 어떠하였을까요? 조선 사회가 엄격한 신분제 사회였던 만큼 당시의 교육 시스템과 내용은 현재 상황과는 완전히 달랐습니다. 보편적인 교육기관으로서 서당과 향교가 존재했었는데요, 각각 오늘날 초등학교와 중등학교에 해당할 정도의 교육기관이었습니다.

교육 내용은 유교의 기본 경전인 사서오경(四書五經) 중심의 인문 교육을 숭상했지만, 오늘날의 과학과 의술 등에 해당하는 기술 교육과 실업 교육은 천시하였습니다.

아울러 유교 교육은 일반 서민을 위한 교육이라기보다는 조선의 관리 등용제도인 과거시험을 위한 교육에 치중되었으며, 그 주된 대상은 양반 사대부층 자제들이었습니다. 다시 말해, 교육의 내용과 대상에 있어 매우 폐쇄적이고 강한 배타성을 띠고 있었습니다.

유학 중심의 구식 교육에서 벗어나 근대적인 교육이 도입되기 시작한 것은 1876년 강화도조약 체결과 함께 이어진 개항 이후입니다. 당시 개항지(부산, 인천, 원산) 중의 하나였던 함경남도 원산의 주민들이 젊은 세대들에게 신지식을 교육하여 외세에 맞설 인재로 키우기 위해 1883년 우리나라 최초의 근대 학교인 '원산학사'를 세웠던 것입니다. 우리나라 최초의 근대 학교가 정부의 개화 정책에 선행하여 민간인들이 자발적으로 모은 기금으로 설립되었다는 점에서 매우 큰 역사적 의의를 부여할 수 있습니다.

그리고 2년 뒤인 1885년부터 미국인 개신교 선교사들에 의해 우리나라에 처음으로 '서양식' 근대 교육제도를 도입한 미션스쿨들이 설립되기 시작합니다. 선교사들이 세운 미션스쿨은 전통적인 교육 체계와는 다르게 남녀노소, 빈부귀천, 신분 고하를 가리지 않는 보편적인 성격을 띠고 있다는 점에서 마치 교육 대혁명과도 같은 것이었습니다. 이번 장에서는 우리나라 최초의 서양식 근대 학교가 설립된 과정과 그 과정에서 일어났던 사건들을 중심으로 이야기를 풀어가 보겠습니다.

최초의 서양식 근대 학교, 배재학당을 세우다

우리나라 최초의 서양식 근대 학교는 헨리 아펜젤러[Henry Gerhard Appenzeller, 1858-1902]가 세운 배재학당입니다. 아펜젤러는 1882년 펜실베이니아주의 프랭클린 앤 마셜 칼리지(Franklin and Marshall College)를 졸업하고, 뉴저지주에 위치한 감리교신학교인 드류 신학교(Drew

Theological Seminary)에서 공부했습니다. 그 후 1884년 미국 감리교 선교위원회로부터 한국 선교사로 임명을 받고, 이듬해인 1885년 2월 3일에 샌프란시스코에서 출발하여 두 달 만인 동년 4월 5일 부활절에 미국 장로교 선교사 언더우드와 함께 제물포에 도착합니다.

당시 27세의 청년 아펜젤러는 제물포에 입항한 지 며칠 지나지 않아 미국 감리교 선교부에 보고서를 보내는데요, 이 보고서 말미에는 다음과 같은 기도문이 적혀 있었습니다.

우리는 부활절 아침에 이곳에 왔습니다. 그날 사망의 권세를 이기신 주께서 이 백성을 얽어 맨 결박을 끊으사 하나님 자녀로서의 자유와 빛을 주시옵소서.

조선 선교를 향한 아펜젤러의 마음가짐이 어떠했는지를 엿볼 수 있는 부분입니다. 그러나 매우 안타깝게도 아펜젤러는 조선에 온 지 17년째 되는 해인 1902년 6월 목포에서 열릴 성서번역위원회에 참석하기 위해 배를 타고 가던 중에 군산 앞바다에서 예기치 않은 선박 충돌 사고로 순교하고 맙니다. 44세의 이른 나이에 순교한 아펜젤러는 17년간 많은 사역을 감당했지만, 그중에서 가장 두드러진 일은 척박한 조선 땅에 교회와 학교를 설립한 것입니다. 암울하고 어두웠던 조선의 미래에 희망의 불을 밝혔던 것이죠.

위에서 설명한 것처럼 1885년 4월 5일, 제물포를 통해 조선에 입국한 아펜젤러 선교사는 처음부터 교육을 통한 선교를 계획하고 있었습니다. 그래서 동년 7월 서울 정동 언덕에 있던 의사 스크랜턴 선교사의 옆집 한옥 한 채를 사서 방 두 칸 벽을 헐어 서재 겸 교실로 만들고 영어를 가르치기 시작했습니다. 첫 학생은 광혜원 의사가 되기 위해 영어를 배우고 싶어 하던 이겸라와 고영필이라는 두 청년이었습니다.

조그마한 한옥 기와집에서 도포에 갓을 쓴 두 조선 청년이 푸른 눈의 서양 선교사에게 ABC를 배우는 장면을 상상해 보세요. 어딘지 모르게 낯설고 웃음이 나오지 않습니까? 아무튼 이렇게 해서 배재학당이 그해 8월 3일에 시작됩니다. 하지만 학생들이 자꾸 중도에 포기하거나 도망을 치는 바람에 수업을 유지하는 건 쉽지 않았습니다. 수업료도 안 받고 담배나 쌀, 점심값도 학생들에게 공짜로 줬는데 말입니다. 비싼 수업료를 내고 등록을 해야 하는 현재의 학교 시스템과는 비교할 수 없을 만큼 파격적이었습니다.

아펜젤러는 당시의 개교 정황에 대해 다음과 같은 기록을 남겼는데요, 그 내용을 보면 그가 얼마나 당황스럽고 답답했을지 짐작을 할 수 있습니다.

"우리 선교 학교는 1886년 6월 8일에 시작되어 7월 2일까지 수업이 계속되었는데 학생은 6명이었다. 오래지 않아 한 학생은 시골에 일이 있다고 떠나버리고, 또 한 명은 6월이 외국어 배우기에 부적당한 달이라는 이유로 떠나버렸으며, 또 다른 한 명은 가족의 상사(喪事)가 있다고 오지 않았다."

아펜젤러가 "1886년 6월 8일에 학교가 시작됐다"라고 표현한 것은 그날이 바로 감리교 선교부의 공인을 얻은 날이기 때문입니다. 한편, 1887년 2월 고종은 나라의 인재를 배양하라는 뜻으로 아펜젤러에게 '배재학당'이라는 교명과 간판을 하사하였습니다. 즉, 배재학당은 국가 공인 학교가 된 것이죠. 그러자 전국에서 학생들이 몰려들기 시작하여, 날로 늘어나는 학생들을 수용할 수 있는 큰 건물이 필요했는데요, 마침 뜻있는 미국인들의 후원으로 1887년에 르네상스식 벽돌 건물이 완성되었습니다.

당시 여느 학교가 그랬듯이 배재학당에서도 웃지 못할 광경이 연출되곤 했습니다. 주로 이삼십대인 학생들은 대부분 결혼을 해서 자녀들을 몇씩이나 둔 경우가 많았습니다. 학생들은 쉬는 시간이면 밖에 나와서 도포에 갓을 쓴 채 긴 담뱃대를 입에 물고 담배를 피웠습니다. 양반 자제들은 하인들을 대동하고 등교했는데요, 양반 체통을 중시하다 보니 학교에 와서도 각종 잔심부름을 하인들에게 시켰습니다. 심지어 체육 시간에 공을 대신 차는 일도 하인들의 몫이었지요. 이러한 광경들은 학교 측의 끊임없는 설득으로 차츰 사라졌습니다.

아펜젤러는 기독교 정신에 따라 '욕위대자 당위인역(欲爲大者 當爲人役)'을 배재학당의 교훈으로 삼았습니다. "크게 되고자 하는 자는 마땅히 남을 섬기는 사람이 되어야 한다"라는 뜻으로 마태복음 20장 26절에 나오는 예수님의 말씀입니다.

이러한 교육 이념으로 유추해 보았을 때, 아펜젤러는 단순히 근대 학문의 소양을 갖춘 인재를 양성하고자 했던 것이 아니라, 조선인 스스로가 조선인에게 복음을 전하는 기독교인 사역자를 길러내고자 했음을 알 수 있습니다. 실제로 1888년 아펜젤러가 미 감리교에 보낸 보고서에 의하면, 1887년 9월부터 배재학당 내에 신학부를 설치하여 학생들에게 신학을 가르쳤음을 알 수 있습니다.

'명실상부(名實相符)'라고 하지요. '이름과 실상이 꼭 들어맞음'을 비유할 때 쓰는 표현입니다. 배재학당이 딱 그런 경우인데요, 그 이름에 걸맞게 수많은 인재를 배출하였습니다. 그분들의 이름은, 개화기 지식인 서재필과 윤치호, 초대 대통령 이승만, 한글학자 주시경, 광복군 총사령관 지청천, 의학자 오긍선 등이 있으며, 문인으로는 『벙어리 삼룡이』, 『물레방아』, 『뽕』 등으로 한국 문학사에 뚜렷한 발자국을 남긴 소설가 나도향과 박팔양, 시집 『진달래꽃』으로 너무나 유명한 시인 김소월과 김팔봉 등도 배재학당이 배출한 인재입니다. 대한민국 국민 중에 "나 보기가 역겨워 가실 때에는…"으로 시작되는 김소월의 시 「진달래꽃」을 모르는 사람은 아마도 없지 않을까 싶네요.

아울러 배재학당은 우리나라 최초의 근대적인 사회정치단체인 '독립협회'의 모태가 되기도 하였습니다.

민주주의의 산 교육장, 배재학당

배재학당 학생회인 협성회는 민주적 회의 진행 방식에 입각한 공개토론회를 매주 개최하여 사회의식과 민주주의 의식을 함양한 청년들을 양성하였는데요, 이 청년들이 1896년 서재필의 주도 아래설립된 독립협회의 주축이 되었습니다.

잘 알려졌다시피 독립협회는 당시의 정부 정책을 비난하는 토론회 및 강연회 개최를 통해 적극적인 국민 계몽운동을 펼쳤습니다. 대표적인 활동이 만민공동회를 개최한 것입니다. '만민공동회(萬民共同會)'라는 이름에서 알 수 있듯이 남녀노소, 신분 고하를 불문하고누구나가 참여할 수 있는 대중 집회였습니다. 동 집회에서 시민들은 정부의 외세 의존 정책을 비판하고, 의회 정치의 시행 등 혁신적인 국정개혁을 요구하였습니다.

최초의 만민공동회는 1898년 3월 10일 종로에서 개최되었는데요, 약 1만 명의 서울 시민들이 모였다고 합니다. 당시 서울 인구가 17만 명이었으니, 매우 큰 규모의 집회였음을 알 수 있습니다. 무엇보다도 만민공동회는 단순한 집회가 아니라 정치 및 사회 현안의공론화 과정을 통해 도출된 국민적 합의를 정책에 반영하고자 하는참여 민주주의의 장이었습니다. 거의 날마다 열린 만민공동회에서시민들은 정부의 외세 의존 정책을 비판하고 의회정치의 실시 등혁신적인 국정개혁을 요구하였습니다. 즉, 일종의 정치 집회로 볼수 있지요.

그때까지 백성들은 어디까지나 왕과 지배층의 다스림을 받는 존재였지 정치 참여자들이 아니었습니다. 지배층의 횡포에 시달리던 백성들이 참다못해 봉기를 일으켜 자신들의 불만을 표출하면 조정(朝廷)은 이를 난(亂)으로 규정하고 반역죄로 다스렸습니다.

그러나 이제 백성들이 순한글 신문인 「독립신문」을 통해 세상이 돌아가는 판세를 이해하고, 그것에 맞게 자신들의 요구를 주장하는 대중 집회를 개최함에 따라 백성들은 더 이상 다스림을 받는 피동적 존재가 아니라 직접 정치에 참여하는 주체로 발전하게 되었습니다. 즉, 신민(臣民, subject)에서 시민(市民, citizen)으로 전환되는 과도기였던 것이죠.

이러한 민중의 움직임에 위협을 느낀 고종은 12월 23일 군대를 동원하여 만민공동회를 강제로 해산시켰으나, 만민공동회운동을 통해 각성한 근대적 민주 정신까지 소멸한 것은 아니었습니다. 이는 훗날 민중들에 의한 독립운동을 지탱하는 원동력이 되었으며, 3·1운동이 대표적인 경우입니다. 배재학당 학생들은 3·1운동 때도 전단을 만들어 배포하는 등 주도적인 역할을 맡았습니다. 이때 많은 학생들이 일본 경찰에 검거되어 모진 고문을 당하기도 했습니다. 학당에서 배운 민족, 민주, 정의의 개념을 실제의 삶 속에서 행동으로 옮겼던 것입니다.

배재학당에서 독립협회가 잉태되었고, 독립협회가 순한글 신문인 「독립신문」을 간행하고 만민공동회를 개최하였으며, 만민공동회는 민주주의와 자유 민권 사상을 시민들 사이에 확산시키는 데 크게 기여했습니다. 이는 배재학당의 근대식 교육을 통해 세상에 눈이 뜨인 청년들이 있었기에 가능했던 일입니다.

이처럼 민중 계몽운동과 민족 독립운동의 요람이자 구심점이 되었던 배재학당은 오늘날 배재중·고등학교와 배재대학교로 그 명맥을 이어오고 있으며, 배재학당의 신학부는 서대문구에 위치한 감리교신학대학교의 모체가 됩니다.

여성 해방의 마중물, 이화학당

남성들을 위한 근대 교육기관으로서 배재학당이 있었다면, 이와 쌍벽을 이루던 우리나라 최초의 근대 여성교육기관인 이화학당을 언급하지 않을 수가 없지요.

이화학당은 1886년 메리 스크랜턴 선교사가 유교적 인습에 얽매여 배움의 기회를 얻지 못했던 조선의 여성들을 깨우치면서 기독교적인 인생관을 가질 수 있게 할 목적으로 정동에 설립한 여성 전용 학교입니다. 오늘날 이화여자고등학교와 이화여대의 전신입니다.

메리 스크랜턴은 1832년 미국 매사추세츠주에서 감리교 목사의 딸로 태어났습니다. 1853년 W. T. 스크랜턴과 결혼했으나 19년 만에 남편과 사별하고 맙니다. 독실한 기독교 집안에서 자랐기 때문일까요, 메리 스크랜턴은 어렸을 때부터 신앙심이 남달랐으며 해외 선교에도 관심이 많았다고 합니다. 그런 그녀가 남편과 사별한 후에, 외아들 윌리엄이 의료를 통한 조선 선교를 결심하자 자신도 선교사로 여생을 헌신할 뜻을 굳히고 1885년 5월 아들 부부 및 어린 손녀와 함께 조선 땅을 밟은 것은 어쩌면 자연스러운 수순이었는지도 모르겠습니다. 이때 그녀의 나이는 52세였습니다.

이 책의 제5장을 보면, 조선에 서양식 첫 민간 병원인 정동병원을 세워 가난한 자들에게 무료진료를 베풀며 하나님의 사랑을 전했던 윌리엄 스크랜턴 선교사에 관한 이야기가 소개되어 있는데요, 메리 스크랜턴이 바로 그의 어머니입니다. 모자(母子)가 함께 척박한 조선 땅에 들어와서, 아들은 의료 나눔과 교회 개척을 통해, 어머니는 여성 평등 교육에 헌신하며 이 땅에 복음의 씨를 뿌렸습니다.

이화학당을 설립한 것은 조선 사회에서 차별과 부당한 대우를 받던 여성들을 당당한 교육의 주체로 세운 가히 혁명과도 같은 일이었습니다. 따라서 메리 스크랜턴은 학교 설립을 준비하면서 많은 희망에 부풀어 있었습니다. 학교 건물이 완성되어 학생들을 모집하면, 배움에 목마른 여성들이 많이 몰려오리라 생각한 것이지요. 그러나 메리 스크랜턴의 기대와는 다르게 학생 모집부터가 쉽지 않았습니다.

크게 두 가지 이유가 있었는데요, 첫 번째는 서양인에 대한 조선 사람들의 의심과 편견입니다. 당시에는 서양 선교사들이 조선의 어린아이들을 몰래 데려다가 잡아먹는다는 등의 흉흉한 소문이 나돌기도 해서, 무지했던 부모들은 당연히 선교사들에게 의심과 경계의 눈길을 보내며 아이들을 단속하기 시작했던 것이지요. 당시 메리 스크랜턴의 별명도 '서양 도깨비'였다고 합니다. 서양인이 많지 않았던 시절 파란 눈에 금발 머리를 가진 메리 스크랜턴은 조선 사람들에게 마치 도깨비처럼 보였던 거지요.

우리나라 최초의 여의사인 김점동도 이화학당 출신인데요, 그녀가 열 살 때 선교사의 일을 돕던 아버지의 손에 이끌려 이화학당에 가서 스크랜턴 부인을 처음 만났던 때를 다음과 같이 회상하고 있습니다.

> "내가 열 살 때 스크랜턴 부인을 처음 만나러 가게 되었다. 매우 추운 날씨여서 부인이 나를 난로 가까이 오라고 했는데 나는 부인이 나를 난로에 잡아넣어 태워버릴 것만 같아 두려웠다. 그러나 부인의 친절하고 아름다운 얼굴이 이내 그런 생각을 떨쳐버리게 하였다."

당시 서양인을 바라보는 조선 민초들의 시선이 어떠했는지 얼추 짐작될 듯합니다.

학생 모집이 어려웠던 두 번째 이유는 조선의 뿌리 깊은 남존여비 사상의 굴레와 내외법(內外法) 때문이었습니다. 즉, 여자는 교육을 받을 필요가 없다는 인식이 사회 전반에 확고하게 자리 잡고 있었을 뿐만 아니라, 철저한 남녀유별 사상에 입각한 내외법으로 인해 여자들은 밤에만 외출할 수 있었거든요.

결국 학생 모집을 시작한 지 약 1년이 지나서야 메리 스크랜턴은 그토록 학수고대하던 첫 학생을 받습니다. 언젠가 황후의 영어 통역관이 되겠다는 꿈을 가진 고위 관리의 첩이었는데요, 병으로 석 달 만에 공부를 접습니다. 이어서 두 번째 학생으로 꽃님이라는 열 살배기 소녀가 이화학당 문을 두드렸습니다. 집이 너무 가난해서 딸을 부양할 수 없었던 어머니가 데려다가 맡긴 아이였습니다. 그런데 이마저도 쉽지 않았습니다. 얼마 후에 아이의 어머니가 딸을 도로 데리고 가겠다며 찾아온 것입니다. 주변에서 "처음에는 좋은 음식과 옷을 주지만 나중에 미국으로 데려갈 것"이라며 부추겼기 때문이지요. 결국 메리 스크랜턴은 꽃님이를 미국으로 데려가지 않겠다는 서약서를 써 주면서 어머니를 안심시킨 후에야 아이를 계속 이화학당에 데리고 있을 수 있었습니다.

이 아이가 두 번째 입학생이자 이화학당 최초의 영구학생(永久學生), 즉 학교 과정을 중도에서 멈추지 않고 끝까지 마친 학생이 됩니다. 두 번째 영구학생으로 '별단이'가 들어왔습니다. 여기에 반가운 이름이 또 나왔네요. 제5장에서 소개했던 그 꼬마 아가씨 '별단이'입니다. 몹쓸 전염병에 걸린 채 길바닥에 버려져 있던 한 여인의 딸입니다. 그리고 네 번째로 이화학당을 찾은 학생이 훗날 조선 최초의 여의사가 된 박에스더(김점동)입니다. 메리 스크랜턴은 처음에 양반집의 자녀를 학생으로 구하고자 했으나, 결과적으로 가난한 집의 아이들을 학생으로 얻었던 것이지요.

이후 서양 선교사들을 바라보는 조선인들의 시선이 조금씩 바뀌면서 학생들도 점차 늘어나기 시작했고, 1887년에 명성황후로부터 이화학당(梨花學堂)이라는 학교명을 하사받게 됩니다. 이는 국가로부터 교육기관으로 인정받았다는 것입니다. '이화(梨花)'는 배꽃이라는 의미인데요, '배꽃같이 순결하고 아름다우며 향기로운 열매를 맺으라'라는 뜻이 담겨있다고 합니다. 당시 정동 일대가 배밭이었다는 사실과도 무관하지 않을 듯합니다.

기독교 배척운동과 영아 소동

그러나 호사다마(好事多魔)라고 했던가요. 이제 학교가 차츰 자리를 잡아가는가 싶었는데 예기치 않던 위기에 봉착합니다. 국가로부터 교육기관으로 정식 인정을 받은 여세를 몰아 선교 활동과 교육 사업에 더욱 박차를 가하려는 찰나에 조선 정부가 1988년 4월에 반포한 '예수교 전도 금지령' 때문에 발목을 꽁꽁 묶이게 된 것입니다.

당시 천주교 측과 정부는 명동성당 건립을 둘러싸고 갈등을 빚고 있었는데요, 고종의 건축 중단 요구를 천주교 측이 받아들이지 않자, 이에 분개한 고종이 천주교를 탄압할 목적으로 예수교 전도 금지령을 반포한 것이지요. 이로 인해 천주교뿐만 아니라 애꿎은 개신교 선교사들까지 선교 활동에 지장을 초래하게 된 것입니다.

설상가상으로 약 한 달여 뒤에는 조선 민초들 사이에서 선교사들을 몰아내자는 기독교 배척 운동이 발생합니다. 위에서 언급했듯이 정부의 전도 금지령으로 선교사들의 대외 활동이 일절 금지된

1888년 6월, 서양 선교사들이 한국 아이들을 유괴해서 잡아먹고 눈알은 사진기 렌즈로 쓴다는 등등의 해괴한 소문이 장안에 나돌기 시작합니다. 소위 '영아 소동(Baby Riot)'이라 알려진 사건인데요, 흥분한 민초들의 분노가 소요사태로까지 발전하여 선교사들을 아연실색하게 만들었습니다.

그렇지 않아도 선교사들은 '서양 도깨비' 등으로 불리며 의심과 경계의 대상이었는데 아이를 유괴하여 잡아먹는다는 혐의까지 뒤집어썼으니, 헛소문을 곧이곧대로 믿은 민초들이 흥분하여 과격한 행동까지도 서슴지 않았던 것입니다. 지금 생각하면 정말 기가 막히고 어이가 없어서 헛웃음만 나올 일이지만, 이들은 선교사들이 운영하는 학교와 병원에 몰려가서 아이를 내놓으라고 악을 쓰며 난동을 부렸습니다. 이러한 상황에서 정동에 있던 이화학당과 배재학당도 무사할 리가 없었겠지요. 흥분한 군중들이 우르르 몰려와서 사택에 돌을 던졌으며 선교사 집에 고용된 한국인들에게도 폭력을 행사하였습니다.

사태가 급박하게 돌아가자 선교사들은 자국 공사관에게 신변 보호를 요청하였고 미국, 프랑스, 러시아 등 외국 공사관은 조선 정부에 엄중하게 항의하는 한편, 인천 제물포항에 주둔하고 있던 자국 함대의 장병들을 신속하게 서울로 이동시켜 무력시위를 펼칩니다. 이에 정부는 '유언비어를 퍼뜨리는 자는 사형에 처할 것'이라는 내용의 고시문(告示文)을 내걸며 강력한 단속을 시행함에 따라 소요사태는 겨우 진정 국면으로 접어들게 됩니다.

그런데 영아 소동은 표면상으로는 선교사들에 대한 근거 없는 괴소문이 확산되면서 일어난 사건이지만, 그 이면에는 선교사들의 선교 활동과 연계하여 추진되는 개화파 세력의 근대화 운동에 불만을 품은 수구파 보수 세력의 저항이 숨어 있었습니다. 선교사들이 조선에 들어와 활동하기 시작한 1885년 이후 사회 분위기가 개혁 쪽으로 흐르는 것을 우려하여 선교사를 모함하는 헛소문을 퍼뜨려 개화파 세력의 기세를 꺾으려 했던 것입니다.

모든 것이 합력하여 선을 이루고

영아 소동은 약 6주일이 지나면서 진정되기 시작했는데요, 선교사들에게는 조선에 들어와서 겪는 큰 위기였습니다. 그러나 결과적으로 보면, 이 소동을 통해 얻은 수확도 적지 않습니다. 크게 두 가지로 나눌 수 있겠는데요, 첫 번째 수확은 조선 민초들이 헛소문 유포자 처벌에 대한 정부의 강력한 의지를 확인하면서 정부가 외국 선교사들을 보호한다는 사실을 알게 된 것입니다.

이로 인해 기독교와 서양 선교사들에 대한 오해가 상당 부분 불식되었을 뿐만 아니라 선교사의 지위 및 선교의 자유도 어느 정도 보장이 되지요. 특히 동년 여름 서울 근교에서 전염병이 유행하여 환자들이 많이 발생했을 때, 선교사들의 헌신적인 진료 활동을 목격한 사람들은 선교사들을 더욱 신뢰하게 되었고, 감사의 뜻을 표하기도 하였습니다.

'영아 소동'을 겪고 난 후, 스크랜턴은 1989년에 작성한 보고서를 통해 다음과 같이 반전된 상황에 대한 기쁨을 드러내고 있습니다.

"우리는 가까스로 민중 시험기를 통과했습니다. 전에 우리가 정중하게 도움을 요청하면 비웃기만 하던 그들이 이제 우리를 전적으로 신뢰하기 시작했습니다. 그들은 우리가 단지, 한마음으로 자신들을 위해 일하고 있다는 사실을 깨닫고 눈물을 흘리며 우리에게 감사의 뜻을 표하였습니다. 그것을 볼 때 우리 마음이 얼마나 기쁘고 또 기운이 나는지 모릅니다. 확신하는 바는 우리가 한국을 그리스도께로 이끌고 있다는 것입니다."

영아 소동을 통한 두 번째 수확은 훗날 한국 교회의 위대한 목회자로 활약하게 될 인물들을 얻게 되었다는 점인데요, 그 대표적 인물이 '조선의 바울'이라고 일컬어지는 한국 최초의 목사 김창식과 교회사에서 대표적인 민중 목회자로 꼽히는 전덕기입니다.

김창식은 황해도 수안에서 가난한 농부의 아들로 태어났습니다. 어린 나이에 무작정 집을 떠나 전국을 떠돌며 살았는데요, 돈도 배경도 배운 것도 없던 그가 할 수 있는 일이라고는 머슴살이, 마부, 지게꾼, 장돌뱅이 등 밑바닥일 뿐이었습니다. 요샛말로 '흙수저' 인생이었던 것이죠. 영아 소동이 일어났던 당시 남대문에서 살고 있었던 김창식은 '서양 사람들이 조선 아이들을 잡아먹는다'라는 괴소문의 진위를 밝히고 싶었습니다.

때마침 조선에 온 지 얼마 지나지 않은 프랭클린 올링거 선교사가 일꾼을 구하고 있어 그의 집에 '행랑아범'으로 불리는 머슴으로 위장 취업을 합니다. 그런데 올링거라는 이름이 왠지 낯익지 않나요? 제6장에서 소개했던 프랭클린 올링거입니다. 배재학당 안에 삼문출판사를 설립하여 우리나라 최초의 영문 잡지를 출간했을 뿐만 아니라 여러 전도문서를 출판하는 등 한국 기독교 문서선교(출판을 통한 선교)의 초석을 놓았던 인물이지요. 김창식이 바로 이 올링거 집에 일꾼으로 들어왔던 것입니다.

그는 선교사 부부의 일거수일투족을 세밀히 살펴보았으나, 조금도 해괴망측한 일을 발견할 수 없었습니다. 오히려 조선의 여느 양반들과는 달리 하인에 불과한 그를 따뜻하게 가족처럼 대해주는 선교사 부부에게 깊은 감동을 받아 1890년 세례를 받고 기독교인이 됩니다. 이와 관련하여 훗날 김창식은 그의 교역 생활을 회고하면서 쓴 고백록을 통해 다음과 같이 기술하고 있습니다.

"내가 맨 처음 일하던 집은 미국 사람 올링거 목사의 집이었는데 나는 그 집에서 일하는 동안에 주인 내외의 생활을 매우 주의하여 살펴보았으나 아무리 살필지라도 조금도 불의한 행동을 발견할 수 없었다. 나는 몇 해 동안 그 집에서 일하는 가운데 그 집 내외가 가히 본받을 만한 사람인 줄 깨닫고 그들에게 감화를 받아 예수 믿기를 작정하였다."

이후 김창식은 1892년 감리교 전도사가 되어 평양 선교 개척자로 활동하였고, 1901년 5월 상동교회에서 조선인 최초로 목사 안수를 받습니다. 그 뒤 1924년에 은퇴하기까지 전국을 순행하며 복음의 불모지에 48개의 교회를 개척하였으며, 125곳의 교회를 맡아서 섬겼다고 합니다. 그가 한국의 사도바울이라고 일컬어지는 이유입니다.

전덕기 역시 비슷한 경험을 통해 기독교를 받아들입니다. 영아소동이 발생한 당시 남대문에서 삼촌을 도와 숯 장사를 하던 그는 헛소문을 듣고 흥분한 군중들과 함께 정동으로 가서 선교사의 집에 돌을 던졌다고 합니다. 이후 우연한 인연으로 스크랜턴의 집에서 요리사로 일하게 되었는데 하인 신분인 자신을 가족처럼 대해주는 스크랜턴 가족의 행동에 감화되어 1896년에 세례를 받고 상동교회에 입교합니다. 그 후 전덕기는 1907년 상동교회의 담임목사가 되어 남대문 시장의 가난하고 소외된 자들을 위해 온갖 궂은일을 도맡아 하며 헌신했습니다.

당시는 콜레라 같은 전염병이 한번 휩쓸고 지나가면 많은 사람들이 떼죽음을 당했는데, 이러한 참상은 특히 가난하고 비천한 사람들 속에서 더 많이 볼 수 있었습니다. 그 누구도 전염병으로 죽은 시체를 거두어 주겠다고 선뜻 나서지 않을 때, 죽은 사람이 교인이든 비교인이든 가리지 않고 팔을 걷고 나선 사람이 전덕기 목사였습니다.

연고 없이 오랫동안 방치되어 있던 시체는 부패되어 냄새가 심할 뿐더러 대개 시체 썩은 물로 방안이 흥건했으므로 그는 늘 마른 쑥과 나막신, 그리고 종이 관(棺)을 가지고 다녔다고 합니다. 마른 쑥으로 콧구멍을 막은 후 나막신을 신고 방안에 들어가 종이 관에 망자를 담아 묻어 주어야 했기 때문이지요. 전덕기는 '자기 몸을 아끼지 않는' 예수님의 사랑을 그대로 실천한 것이었습니다. 그 결과 상동교회는 전덕기가 담임목사를 맡은 지 5년 만에 교인 수가 약 3천 명 가까이에 이를 정도로 전국에서 제일 큰 교회로 성장했습니다.

아울러 전덕기는 이상재, 안창호, 이승만, 김구, 이회영, 이동녕, 최남선, 낭궁억 등 이름만 들어도 쟁쟁한 민족운동 지도자들과 함께 움직이며 소통과 통합의 리더십으로 이들을 상동교회로 모이게 하였습니다. 독립운동 비밀결사 조직인 신민회가 조직된 곳도, 1907년 네덜란드 헤이그에서 세계평화회의가 개최된다는 소식을 접한 우국지사들이 모여 헤이그 특사 파견에 대한 모의를 진행했던 곳도 바로 상동교회의 지하실이었습니다. 3·1운동 당시에도 민족대표 33인 가운데 최성모, 오화영, 이필주, 신석구 등 4인이 상동교회 출신이었습니다. 상동교회가 민족독립운동의 요람으로서 평가되는 이유입니다.

이처럼 예수님의 사랑을 그대로 실천했던 민중 목회자이자 항일민족운동의 거목이었던 전덕기는 한일합방 이후 민족운동의 뿌리를 뽑으려는 일제에 검거되어 모진 고문을 받습니다. 그 후 고문 후유증으로 1914년 3월, 39세의 젊은 나이에 순교합니다.

"우리가 알거니와 하나님을 사랑하는 자, 곧 그의 뜻대로 부르심을 입은 자들에게는 모든 것이 합력하여 선을 이루느니라"

위 구절은 신약성경 로마서 8장 28절입니다. 많은 크리스천들이 좋아하는 구절로 꼽는 성경 말씀이지요. 1888년 봄부터 여름에 걸쳐 발생한 일련의 사건들이 전개된 과정과 그 결과를 살펴보면, 동 구절에 드러나 있는 하나님의 섭리를 다시 한 번 깨닫게 됩니다.

하나님께서는 당신의 거룩한 뜻인 조선의 복음화를 위해 특별히 정한 사람들을 미리 예비해 두셨고, 하나님의 때에 강권적으로 조선 땅에 불러 모으셨습니다. 조선 말기 암울한 이 땅에 들어와 오직 전도를 위해 헌신한 선교사들이 모두 '하나님을 뜻대로 부르심을 입은, 하나님을 사랑하는 자'들이라는 것은 두말할 여지가 없습니다.

아울러 "모든 것이 합력하여 선을 이룬다"는 말은 하나님 뜻 안에서 하나님의 의도하신 바가 성취된다는 의미겠지요. 하나님께서는 명동성당 건립을 둘러싼 천주교 측과 조선 정부와의 갈등도 사용하시고, 정부 내 수구파와 개화파 세력들 간의 주도권 싸움에서 기인한 정치적 계략까지도 다 사용하셔서, 선교 활동을 위협하는 영아 소동이 일어나도록 그대로 허용하셨습니다. 그러나 이 모든 것들이 다 어우러져 결과적으로는 하나님의 의도하신바, 즉 선교사들이 이 땅에서 선교 활동을 더욱더 자유롭게 펼칠 수 있는 길을 열어주셨을 뿐만 아니라, 하나님께서 '예비해 두신' 김창식과 전덕기 같이 걸출한 인물들을 부르시는 통로로 사용하셨던 것입니다.

이와 더불어 하나님께서는 김창식과 전덕기의 삶을 통해 향후 한국의 목회자들을 비롯한 우리 그리스도인들이 어떻게 살아가야 할지에 대한 방향성을 제시해 주신 것입니다.

오늘 이 땅에 자유·사랑·평화의 여성 교육이 열매를 맺다

메리 스크랜턴은 이화학당이 어느 정도 궤도에 오르자 후배 선교사들에게 학교 운영을 맡기고 1894년 아들 윌리엄 스크랜턴과 함께 상동(현 남대문 지장)으로 거처를 옮깁니다. 제5장에서 설명했듯이, 우리나라 최초의 서양식 민간병원인 정동병원(시병원)을 세운 윌리엄 스크랜턴은 '민중이 있는 곳에 병원이 있어야 한다'는 신념으로 서울의 중심에 있던 병원을 가난하고 소외된 민중들이 주로 거주하고 있는 상동으로 옮기는데요, 이때 메리 스크랜턴도 함께 거처를 옮겨 아들을 도와 병원 내에 상동교회를 설립하고 시장 바닥의 여인들을 상대로 복음을 전합니다.

'남녀칠세부동석(男女七歲不同席)'이라는 말에서 알 수 있듯이 조선시대는 남녀 구별이 엄격한 유교 사회였기 때문에 여성들에게 접근하는 일은 여성들만이 할 수 있었습니다. 그러나 당시 여성 선교사들의 숫자는 너무나 적었습니다. 그래서 메리 스크랜턴이 생각해낸 것이 '전도부인'이라는 제도였습니다.

즉, 한국 여성이 한국 여성에게 복음을 전할 수 있도록 한국 여성들을 훈련시켜 앞장세웠던 것인데요, 성경교육을 마친 여성(전도부인)들이 바깥출입이 자유롭지 못했던 안방의 부녀자들을 찾아다니며 기독교 복음을 전했습니다. 메리 스크랜턴이 1898년에 작성한 보고서에 의하면, 모두 8명의 전도부인들이 그녀와 함께 동역하고 있었던 것 같습니다. 전도부인들은 전국 곳곳을 다니면서 여성들에게 복음을 전하였다고 합니다.

메리 스크랜턴은 상동으로 거처를 옮기기 전까지 이화학당을 돌보며 유교적 가부장제의 억압 속에 살던 여성들에게 해방의 기쁨을 안겨주었는데요, 더욱이 놀라운 것은 여성 교육을 향한 그녀의 열정이 이화학당 설립 및 운영에만 그치지 않았다는 것입니다.

그녀는 나이가 많음에도 불구하고 조선 여성 교육에 대한 뜨거운 열정으로 상동교회 내 공옥여학교, 시흥의 무지리 여학교, 이천의 여자매일학교(현 이천양정여자고등학교), 수원의 삼일소학교(현 매향여자정보고등학교) 등을 설립했습니다. 아울러 진명여학교(현 진명여자고등학교) 및 숙명여학교(현 숙명여자대학교)의 설립을 돕는 등 다양한 형태로 조선 여성들을 일깨우고 교육하는데 진력했습니다. 또한 메리 스크랜턴은 상동교회(현재 남대문시장 내 위치)를 비롯하여 아현교회, 동대문교회 등 서울의 주요 감리교 교회를 설립하였고, 전국 각지를 순회하면서 선교 활동과 여성 교육을 위해 살다가 1909년 10월 8일, 75세의 나이로 하나님 품에 안겼습니다.

한국 여성 교육의 개척자이자 열정적인 복음 전도자로 활동한 메리 스크랜턴은 본인의 희망에 따라 양화진의 외국인 묘지에 안장되었고 그녀의 묘비명에는 다음과 같이 기록되어 있습니다.

오늘 이 땅에 자유 사랑 평화의 여성 교육이 열매 맺으니, 이는 스크랜턴 여사가 이화동산에 씨를 뿌렸기 때문이다.

저는 메리 스크랜턴과 그녀가 이 땅에 와서 이루어 낸 일들을 상기할 때마다 구약 성경의 모세가 오버랩되어 떠오릅니다. 구약의 「출애굽기」를 보면, 하나님께서는 이제 나이가 80세에 이르러 육체적으로 무척 쇠약할 뿐만 아니라 40년간 도피생활을 하며 변방 지역의 초라한 유목민으로 살아가는 모세를 이스라엘 민족 해방이라는 큰 사역을 감당할 종으로 부르셨습니다.

　상술한 바와 같이 메리 스크랜턴이 이 땅을 처음 밟았을 때의 나이는 52세였습니다. 지금 시대에는 52세라고 하면 아직 한창나이로 볼 수 있겠지만, 당시에는 절대 그렇지 않았습니다. 20세기 초반, 다시 말해 1900년대 초반의 미국인 평균수명은 불과 50세가 채 되지 않았다고 합니다. 나름대로 위생관리가 잘 되어 있으며 공중보건에 대한 개념이 있었던 미국이 그 정도였으니, 당시 조선 사람들의 평균 수명은 당연히 그보다도 훨씬 밑돌았겠지요.

　대부분 선교사들이 20대 중반의 나이였던 것을 감안하면, 메리 스크랜턴은 편안히 여생을 보내야 할 나이에 아들 내외 및 손녀와 함께 조선에 와서 75세까지 하나님께서 맡기신 큰 사명을 감당하다가 하나님의 부르심을 받은 것입니다.

　하나님께서 12지파의 젊고 유능한 인물들을 뒤로하고 80세의 모세를 택하시어, 이스라엘 민족을 이집트로부터 해방시키는 위대한 사역을 감당케 하셨던 것처럼, 하나님께서는 비록 나이가 많고 연약한 한 여성을 통해서도 얼마나 큰일을 해 내실 수 있는지 단적으로 보여준 사례가 아닐까 싶습니다. 육체적으로 연약하며 외적

조건이 아무리 비천하고 보잘것없다 할지라도 하나님 손에 붙잡힌 기도와 말씀의 사람들은 우리의 상상을 훨씬 초월하는 일들을 이루어 낼 수 있음을 확신합니다.

고아들을 위한 학교, 언더우드 학당을 세우다

아펜젤러가 남성들을 위한 배재학당을 세우고, 메리 스크랜턴이 이화학당을 설립하여 조선 여성 교육에 힘쓰고자 할 때, 길에 버려진 고아들을 눈여겨보고 이들에게 따뜻한 관심과 애정을 기울인 이가 있었는데요, 바로 호러스 그랜트 언더우드^{Horace G. Underwood}입니다.

언더우드는 1859년 영국 런던에서 태어나 미국에서 성장하였습니다. 1881년 뉴욕 대학교를 졸업하고 뉴버런스윅^{New Brunswick} 신학교에서 공부한 후, 1884년 11월 장로교 목사가 되었습니다. 그는 목사 안수를 받은 지 한 달 만에 바로 샌프란시스코를 떠나 1885년 1월 25일 일본 요코하마에 도착합니다. 그곳에서 약 2개월간 조선어 공부를 한 후, 1885년 4월 5일 장로교 소속 한국 최초의 선교사로서 조선 땅을 밟습니다. 그가 조선에 오게 된 흥미로운 일화가 있습니다.

언더우드는 그가 어렸을 때, 인도에서 온 어떤 사람의 설교를 듣고서 그때부터 인도 선교사가 되기로 마음을 먹었다고 합니다. 그런데 그가 신학교에 다니고 있던 어느 날, 1882년에 체결한 조약에 의해 문호가 개방된 '은둔의 나라(the Hermit Kingdom)' 조선에 1,200-1,300만 명의 사람들이 복음 없이 살고 있다는 이야기를 듣게 됩니다.

문호가 개방된 지 1년 가까이 지났음에도 교회가 선교를 위해 아무런 준비 활동도 하지 않고 있음에 격동한 언더우드는 직접 조선으로 갈 선교사를 물색하기 시작합니다. 하지만 당시는 '조선에 들어가기에는 아직 이르다'는 인식이 퍼져있던 때여서인지 아무도 지원을 하지 않았고, 조선에 선교사를 파견하려는 교회도 없었습니다. 그때 언더우드의 가슴속에서 '왜 너 자신이 가지 않느냐'라는 메시지가 울렸다고 합니다.

그러나 그 자신은 인도로 부르심을 받았다는 확고한 소명감을 품고서 인도가 필요로 하는 의학 공부를 하며 열심히 준비하고 있었기 때문에 그 울림을 애써 외면합니다. 때마침 뉴욕의 개혁교회로부터 의학 공부에 지장이 없는 조건으로 목사직 초청을 받았는데요, 언더우드가 이를 수락하는 편지를 써서 우체통에 넣으려는 순간, "한국에 갈 사람은 아무도 없구나"라는 하나님의 음성을 듣고그 뜻에 따를 것을 결심하게 됩니다.

이러한 언더우드의 모습은 '마케도니아로 간 바울'을 연상케 합니다. 신약성경 사도행전 16장을 보면, 하나님께서는 바울이 2차 선교 여행 중에 아시아로 가려던 선교 길을 성령께서 막으시고 마케도니아(유럽)로 건너가 복음을 전하라고 하셨습니다. 즉, 바울이 계획했던 아시아에서 말씀을 전하지 못하게 하셨고, 터키 북부 지방의 비두니아로 가는 길도 허락하지 않으셨습니다. 무척 답답하던 차에 바울은 환상 속에서 마케도니아 사람이 '건너와 우리를 도우라'고 외치는 환상을 보게 되었고, 이것이 하나님의 뜻임을 확신한 바울은 마케도니아로 향하였습니다. 이것은 기독교 역사상 최초로 유럽에 복음을 전하게 된 계기가 되었고, 결국 바울 사후에 유럽과 로마가 복음화 되는 놀라운 역사가 일어났습니다.

다시 본론으로 돌아올까요. 상술한 바와 같이 '은둔의 나라'로 부르시는 하나님께 순종하여 조선 땅을 밟은 언더우드는 서울에 도착하자마자 제중원에서 약제사로 근무하면서, 제중원 내 의학교 학생들에게 물리와 화학을 가르쳤습니다. 이처럼 제중원에서 교육과 선교 활동을 시작한 언더우드는 1886년 5월 정동에 있는 자신의 집에 한국 최초의 고아원인 언더우드 학당을 설립하고 거리의 고아들을 데려다가 돌보며 가르치기 시작합니다.

이듬해 9월에는 자택의 사랑방에 교회를 설립하였으며, 이것이 한국 최초의 장로교 교회인 새문안교회가 태동하게 되었습니다. 그후 고아원은 새문안교회에서 운영하였으며, 초기에는 언더우드 학당, 예수교학당, 민로아학당, 구세학당 등 여러 이름으로 불리다가 1905년 현재의 경신중·고등학교의 전신인 경신학교로 바뀝니다. 이어서 1915년 4월 언더우드의 노력으로 경신학교 대학부가 설립되었는데, 이 대학부를 모체로 2년 후 연세대학교의 전신인 연희전문학교가 설립됩니다.

언더우드 학당에서도 많은 인재가 배출되었는데, 그 대표적인 인물이 대한민국 임시정부 부주석을 지낸 독립운동가 우사 김규식 선생입니다. 무엇보다도 김규식은 언더우드와 각별한 인연이 있습니다.

어느 날 남자 하나가 네 살배기 아이를 고아원에 데리고 왔습니다. 관직에 있던 아이의 부친은 정치적 사건에 휘말려 귀양을 갔고, 모친은 사망하여 돌봐 줄 사람이 없었습니다. 그러나 아이가 너무 어려서 도저히 맡을 수가 없었던 언더우드는 그 아이를 다시 친척들에게 돌려보냅니다. 그러나 얼마 지나지 않아 그 아이가 매우 아픈데도 아무도 돌봐주지 않는다는 소식을 들은 언더우드는 자신의 몸 상태가 매우 나빴음에도 불구하고 분유와 약을 들고 강원도 홍천까지 그 아이를 찾아갑니다.

당시 아이는 너무나 굶주린 나머지 필사적으로 울부짖으며 벽지를 뜯어내어 삼키려고까지 했다고 합니다. 이대로 두면 곧 죽을 것이라고 직감한 언더우드는 아이를 집으로 데리고 와서 극진히 간호하여 살려냅니다. 이후 아이는 언더우드 학당에서 서양식 근대교육을 받으며 훌륭하게 성장하였으며, 주변 사람들이 모두 놀랄 정도로 빠른 속도로 영어를 익히는 등 어릴 때부터 그 총명함이 남달랐다고 합니다. 이 아이가 바로 김규식입니다.

김규식은 언더우드 학당을 마친 후 서재필이 경영하는 「독립신문」에서 근무하다가 1896년에 서재필의 권유와 언더우드의 지원을 받아 미국 유학길에 오릅니다. 프린스턴 대학교에서 석사학위를 받고 1904년에 귀국한 김규식은 언더우드의 비서로 일하면서 새문안교회와 YMCA를 중심으로 선교와 교육 활동에 힘쓰다가 1913

년 중국으로 망명하여 독립운동에 뛰어들었습니다.

그곳에서 김규식은 여운형 등과 함께 신한청년단을 조직하여 1919년 파리강화회의에 대한민국 임시정부 대표로 참석했으며, 임시정부 부주석으로 주석 김구 선생과 함께 독립운동을 이끌었습니다. 오늘날 김규식은 김구, 여운형, 이승만, 신채호, 안창호, 조만식 등과 함께 한국 근대사에 큰 족적을 남긴 위대한 인물로 기록되고 있습니다. 언더우드의 사랑으로 그의 생애가 빛을 발할 수 있었던 것이지요.

김규식뿐만이 아닙니다. 언더우드 학당에 입학하여 신학문과 기독교를 접하고 나서 민족의 지도자이자 겨레의 스승으로 우뚝 설 수 있었던 이가 있었으니, 그가 바로 도산 안창호 선생입니다.

겨레의 스승을 배출하다

1878년 평안남도 강서군에서 선비의 셋째 아들로 태어난 안창호는 1895년에 발발한 청일전쟁이 각국의 예상을 깨고 일본의 승리로 끝나자, 신학문 교육의 필요성을 절감하고 곧 상경해 언더우드 선교사가 세운 구세학당(언더우드 학당)에 입학합니다. 신학문을 습득하는 것이야말로 나라와 민족을 위한 시대적인 요청에 부응하는 것임을 깨달았습니다.

서당에서 한문만 익혀오던 안창호에게 거기서 접한 세계사, 과학, 산수, 지리 등 교과 과목은 너무나도 신기하고 새로운 것이었습니다.

무엇보다도 그는 구세학당에서 기독교적 민족주의를 배웁니다. 즉, 편협한 민족주의는 집단 이기주의에 지나지 않아 전쟁을 야기하는 반면, 예수님의 사랑에 기초한 민족주의는 모든 민족을 섬기기 위해 자민족의 자존과 번영을 추구하는 것이기에 결과적으로 인류의 평화를 가져온다는 것을 알게 된 것이지요. 따라서 안창호의 기독교 신앙과 민족주의는 서로 충돌하지 않고 조화를 이룰 수 있었습니다.

한편 안창호는 1897년 서재필이 창립한 독립협회에 가입합니다. 상술한 바와 같이, 독립협회는 서민과 학생들을 포함한 각계각층의 사람들을 모아서 '만민 공동회'라는 대중 집회를 열었는데요, 안창호도 동 집회에 참여하여 많은 군중이 모인 가운데 민족계몽과 교육의 중요성을 호소함으로써 명성을 얻었다고 합니다.

안창호의 위대함은 늘 그의 신념을 삶 속에서 실천했다는 점입니다. 그는 1899년 불과 22세의 나이로 고향인 평안남도 강서에 최초의 남녀공학인 점진학교를 설립합니다. 그리고 자신도 더 많은 학문을 배우기 위해 1902년 미국으로 유학을 떠납니다. 샌프란시스코에 도착한 안창호는 교포들의 계몽과 교육을 위해 힘쓰면서 한인단체를 만들어 활동하던 중에 1905년의 을사늑약 체결로 국권을 빼앗겼다는 소식을 듣고 바로 귀국하여, 전덕기 목사, 이승만, 김구, 이회영 등과 함께 신민회를 결성하고 항일구국운동에 앞장섭니다.

이승만이 외교활동에 중점을 둔 독립운동을 강조하고, 김구 등은 무장투쟁을 통해서 독립을 쟁취하고자 했을 때, 안창호는 보다 긴 안목에서 국민들을 교육하고 계몽함으로써 독립을 이루고자 했습니다. 그는 1907년 평양에 대성학교(大成學校)를 설립하고, 민족 계몽을 위한 활발한 교육 활동을 전개합니다. '대성(大成)'이라는 학교명처럼 크게 성공할 인물들을 양성하여 민족 독립을 위한 중심세력으로 키우고자 했던 것이지요. 우리나라에서 흔히 교육은 '백년지대계(百年之大計)'라는 말이 사용되고 있는데요, 이 말에 딱 어울리는 분이 안창호 선생입니다.

안창호 사상의 핵심은 교육을 통해 민족 혁신을 이루는 것이며, 민족 혁신은 자아 혁신에 의해서만 가능하고, 자아 혁신은 바로 인격 혁신이라고 생각했습니다. 즉, 각자가 인격 혁신을 이루면 이것이 곧 민족 혁신으로 이어져 민족의 독립과 번영을 달성할 수 있다는 것이 그의 철학이었는데요, 그 바탕에는 기독교 사상이 깔려 있습니다. 아울러 안창호는 자신의 신념을 평생 몸소 실천하였으며, 그의 삶 자체가 교훈이기에 겨레의 스승으로 일컬어지는 이유입니다.

이처럼 언더우드 학당에서 교육받은 인재들은 평생 나라의 독립을 위해 헌신하고 국민들을 일깨우는 정신적인 지도자들로 키워졌습니다.

확산되는 미션스쿨

도산 선생의 경우에서 보듯이, 청일전쟁 직후 한반도 전역에 신교육에 대한 향학열이 갑자기 고조되었습니다. 청나라가 일본에 패

했다는 사실은 몇백 년 동안 중국과 종속관계를 맺어왔던 조선 사람들에게 그만큼 큰 충격으로 다가왔던 것입니다. 그것은 한마디로 세계관의 대변혁을 일으키는 사건이었습니다.

따라서 청일전쟁 이후 러일전쟁을 거쳐 1910년 한일 합방이 될 때까지 기독교 신자만 늘어난 게 아니라 신교육을 가르치는 미션스쿨의 수도 급격히 증가했습니다. 선교사들은 1905년 을사조약 전후까지 서울, 평양, 원산, 개성, 공주, 대구, 목포, 부산 등지에 기독교 학교를 세웠으며, 이러한 조선의 근대교육은 주로 미국 감리교와 장로교에 의해서 주도되었습니다.

위에서 언급한 배재학당과 이화학당을 비롯해 서울의 공옥학교(1896)와 배화학교(1898), 개성의 호수돈여학교, 공주의 영명학교(1905), 평양의 광성학교(1894), 맹아학교(1894) 정진학교(1896) 등은 감리교 계통의 학교였습니다.

반면 장로교는 위에 언급한 경신학교를 시작으로 평양에 숭덕학교(1894), 숭실학교(1897), 평양신학교(1901), 숭의학교(1903)를 세우고, 부산에 일신여학교(1895), 목포에 정명학교(1898), 원산에 진성여학교(1904), 대구에 계성학교(1906) 등을 세웁니다.

국권피탈 직전인 1910년 초반까지 한반도 전역에 퍼져 있는 미션스쿨 수는 비록 통계마다 차이는 있으나, 천주교와 개신교 계열의 학교를 모두 합쳐서 대략 800-950여 개 정도 존재했으며, 그중 500-600여 개가 장로교 계통이고, 150-200여 개가 감리교 계통의 학교였습니다.

이처럼 구한 말 미션스쿨들이 전국 방방곡곡에 폭발적으로 들어설 수 있었던 데는 고종의 적극적인 후원과 미국 선교본부의 지원이 맞아떨어지며 시너지 효과를 일으켰기 때문이었습니다.

한편, 헐버트 선교사는 기독교 계통의 학교들이 크게 늘어난 원인에 대해 다음과 같이 언급하고 있습니다.

"한인들은 기질 면에서 보면 기독교의 접근에 대하여는 특히 호의적이었던 것처럼 보인다. 모든 종교 중에서 가장 합리적이고도 동시에 가장 신비주의적인 기독교가 한국인과 접촉하면서 합리성이나 이상주의적인 면에서 매우 친근함을 발견한다는 데에 한인들의 그와 같은 특수한 감성을 엿볼 수가 있다. … 이와 같은 이론이 옳건 그르건 간에 개신교 선교사에 의한 기독교의 감화는 한인들에 의해 쉽사리 수용되었으며, 10년 동안에 교회와 교회 계통의 학교가 전국의 방방곡곡에 점찍은 듯이 세워졌다."

즉, 교회가 들어서는 곳마다 미션스쿨도 함께 세워졌던 것을 알 수 있는데요, 미션스쿨이 많이 늘어날 수 있었던 데에는 조선 교육 시스템의 병폐도 한몫했다고 볼 수 있을 것입니다.

조선 교육 시스템의 특징을 짧게 세 가지로 정리하면, 첫째는 일부 특정한 계층(양반)만을 위한 교육이었고, 둘째는 교육의 내용은 오직 입신양명을 위한 유학 위주였으며, 셋째는 여성 및 천민들은 교육의 기회에서 배제되었다는 것입니다.

그러나 선교사들이 설립한 미션스쿨은 특정 계층뿐만이 아니라 가장 비천한 백정들조차도 교육받을 권리를 가졌고, 남성들만이 아니라 여성들도 동일하게 교육의 대상이었으며, 무엇보다 다양한 교과 과정을 통해 다방면의 인재를 양성하는 합리성을 추구했습니다. 이러한 특징들이 잘 어우러져 상승효과를 일으킨 것이 한반도 전역에 미션스쿨이 폭발적으로 늘어난 주된 이유일 것입니다.

다시 말해 미션스쿨이 추구하는 교육의 이념 및 운영 방식이 남녀노소, 빈부귀천, 신분 여하를 막론하고, 누구에게나 열린 개방성과 보편성을 띠고 있었기 때문에 모든 사람들에게 거부감 없이 쉽게 받아들여질 수 있었으며, 또 전국적으로 퍼져 나갈 수 있었습니다.

이처럼 교육 대혁명의 파도가 한반도 전역을 휩쓸면서 자유, 정의, 평등, 평화, 민주 정신도 함께 퍼지게 되었고, 이러한 정신들은 일제강점기 항일독립운동의 밑바탕이 되었습니다. 아울러 2차 세계대전 이후에는 우리나라가 신생 독립국 중에서 유일하게 산업화와 민주화를 동시에 달성한 국가로 발전하는데 원동력이었습니다.

강대국들의 이해관계로 인해 남북 분단과 그 귀결인 동족상잔의 비극을 거쳐 전 국토가 잿더미로 화했던 이 나라가 오늘날 초일류 국가로 발돋움하고 있는 것은 조선 말기 이 땅에 파송된 선교사들이 황무지를 개간하여 심었던 복음의 씨앗들이 이제 활짝 꽃을 피우고 열매를 맺었기 때문입니다

한국 최초의 신학교, 평양 장로회신학교

자신의 나라보다 조선을 더 사랑한 미국 출신의 사무엘 모펫[Samuel A. Moffet, 1864-1939] 선교사는 1901년 한국 최초의 신학교인 평양 장로회신학교를 설립하고, 초대 교장에 취임하여 근대교육에 힘을 쏟았습니다. 그는 1890년부터 1936년까지 한국에서 활동하며 1천 개의 교회와 3백 개의 학교를 세우고 수백 명의 목사를 배출했습니다. 사무엘 모펫 선교사는 한국 이름 '마포삼열(馬布三悅)'로 더 잘 알려져 있습니다.

그는 미국 인디애나주 매디슨 출생으로 1884년 하노버 대학 신학과에 입학했으나 대학원에서는 화학을 전공, 박사학위를 취득했습니다. 그러나 박사 과정을 마친 뒤 기독교 전파의 사명감을 느끼면서 많은 해외 선교사를 길러낸 매코믹 대학에 1885년 입학했습니다.

그가 선교를 위해 한국 땅으로 건너올 당시 조선은 각종 질병이 난무하고 외국인에 대한 배척 또한 심한 상황이었습니다. 당시 상황을 최초의 선교사이자 의사였던 알렌은 이렇게 묘사하고 있습니다.

"조선의 거리에는 쓰레기가 산더미처럼 쌓여 있고 파리, 모기, 날파리들이 떼를 지어 득실거리고 있었으며, 더러운 개천에는 온갖 병균이 들끓고 있다. 또한 집집마다 파리 빈대, 벼룩이 없는 집이 없다. 천연두, 매독, 회충 등은 흔해빠진 병이었고, 종기나 무좀 같은 피부병은 거의 모든 사람들이 걸려 있었다."

하지만 이 같은 상황을 알고도 모펫 선교사는 조선 선교를 결심했습니다. 그리고 선교사로 임명받은 뒤 모펫은 1890년 1월 인천 제물포를 거쳐 서울에 도착했습니다. 그의 나이 26세였습니다. 이후 그는 조선을 '사명의 땅'으로 생각하며 모든 일생을 바쳤습니다.

1893년 이후에는 평양에서 선교 활동에 종사하였습니다. 또한 1918-1928년까지 10년 동안 숭실중학교와 숭실전문학교의 교장을 역임하고, 평양에서 현 숭의여자고등학교의 전신인 숭의여학교를 설립하는 등 많은 학교와 교회를 설립하였습니다.

1912년 '105인 사건'[6]으로 한국의 애국지사들이 투옥되자, 모펫 선교사는 매큔George S. McCune, 1879-1941, 한국명 윤산온(尹山溫), 에비슨 선교사 등과 함께 이 사건이 사실무근의 날조사건이며 고문 등 비인도적 방법이 자행되고 있다며, 당시의 조선 총독 데라우치 마사타케에게 항의하고 미국의 장로회 본부에 일제의 만행을 보고하여 국제여론을 환기시키는 데 힘을 쏟았습니다.

26세의 젊은 나이에 조선을 찾아와서 오직 조선민족의 복음화와 독립을 위하여 모든 정성을 쏟았던 사무엘 모펫 선교사는 1934년, 70세의 나이로 미국 북장로교 선교회로부터 은퇴하고도 계속 조선에 머물면서 일제의 신사참배 강요에 맞서서 싸우다가 1936년 일제에 의해 추방되었습니다. 조선 땅에 묻히기를 바랐던 그는 다시

---

6   1911년 일본총독부가 민족해방운동을 탄압하기 위하여 데라우치 마사타케(寺內正毅) 총독의 암살미수사건을 조작하여 105인의 독립 운동가를 감옥에 가둔 사건으로 애국계몽운동기의 비밀결사였던 신민회가 해체되는 원인이 되었다.

돌아올 것을 기약하고 미국으로 귀국하였으나, 1939년 10월 24일 75세를 일기로 캘리포니아에서 별세하였습니다.

생전에 유언을 "나를 한국 땅에 묻어달라"며 한국 땅에 묻히기를 간절히 소원했던 그는 이 땅을 떠난 지 67년 만인 2006년에 다시 한국 땅을 밟아, 유가족들이 지켜보는 가운데 그의 유골은 자신이 설립한 장로회신학대학교 도서관 앞 교정에 묻혔습니다.

09

공주 영명학교,
독립운동의
산실이 되다

로버트 샤프 선교사, 젊음을 이 땅에 묻다

선교에 대한 정의가 참 많지만, 저는 이 땅에 묻힌 선교사들의 삶을 보면서 선교란 어쩌면 그 땅에 뼈를 묻는 일이겠다는 생각이 듭니다. 부름을 받은 그곳에서 충성을 다하다가 거기서 마지막을 맞고 뼈를 묻는다는 것은 곧 사명, 사랑의 완결 아닐까요? 그것이 "한 알의 밀알이 땅에 떨어져 죽지 않으면 한 알 그대로 있고 죽으면 많은 열매를 맺느니라"는 바로 그 예수님의 말씀을 실현하는 것이라고 믿습니다.

로버트 샤프^{Robert. A. Sharp, 1872~1906} 선교사 부부도 그런 분들입니다. 캐나다 몬트리올 출신의 로버트 샤프 선교사는 미국 오하이오주에서 교역자로 사역하다 1903년, 31세의 나이에 미국 북감리회 선교사로 파송을 받아 조선 땅을 밟습니다. 처음엔 서울에서 황성기독청년회(YMCA) 초대 이사로 헐버트, 언더우드, 에비슨, 게일 등의 선교사들과 함께 기독교 청년운동을 활발하게 펼쳤고, 정동제일교회와 배재학당에서 교육을 담당했습니다.

그해 앨리스 해먼드 샤프 Alice H. Sharp, 1871~1972, 한국명 사애리시 선교사와 결혼했고, 2년 뒤 감리교 공주 선교부 책임자로 임명을 받고 공주로 내려옵니다. 앨리스 샤프는 로버트 샤프 선교사와 같은 캐나다 출신으로 1900년 미국 북감리회 해외여선교회 소속으로 조선에 파송을 받았습니다. 서울에서 스크랜턴 선교사를 도와 이화학당에서 교사로, 상동교회에서 주일학교 교사와 순회 전도자로 사역했습니다.

전통적인 도시가 그렇듯 공주도 역시 보수적인 곳이어서 직접적인 전도는 불가능했습니다. 그래서 두 사람이 시작한 것은 학교입니다. 로버트 샤프는 남학생을 위한 명설학당을, 앨리스 샤프는 여학생을 위한 명선학당을 연 겁니다. 이것이 나중엔 영명학교로 이름이 바뀌었고, 지금의 영명중·고등학교의 모체가 된 것입니다.

1905년 11월, 두 사람은 언덕 위에 지하 1층, 지상 2층짜리 예쁜 서양식 건물을 지었습니다. 일종의 선교부 사무실이자 사택이었던 것이죠. 이 건물은 지금도 원형 그대로 보존되어 있습니다. 당시 공주 사람들은 이 신기한 건물을 구경하기 위해 몰려들었는데 "목사, 당신은 천당에 갈 필요가 없겠소. 이렇게 깨끗하고 좋은 집에서 사니 천당인들 이보다 더 낫겠소?"라고 했다고 합니다. 당시 조선 사람들이 보기엔 너무나 신기하고도 멋진 양옥 건물이었던 것입니다. 하지만 정작 로버트 샤프 선교사가 이 '천당보다 나은' 사택에 산 기간은 3개월도 채 되지 않습니다.

당시 공주는 충청권 지역의 선교 베이스캠프 같은 곳이었습니다. 선교사들은 공주를 중심으로 인근 논산, 천안은 물론 홍성, 진천, 보은까지 가서 복음을 전했습니다. 도시가 아닌 농촌의 특성상 순회 전도는 불가피했습니다. 1906년 2월 말, 그날도 로버트 샤프 선교사는 사경회 인도 차 논산의 은진 지방으로 갔다가 돌아오는 길이었습니다. 퍼붓는 진눈깨비를 피하느라 들어간 집이 마침 상여를 보관하는 '곳집'이었습니다. 거기엔 며칠 전 전염병 '이질'로 죽었던 사람의 시체를 실어 나른 상여가 보관되어 있었고, 그걸 만진 게 화근이 되어 로버트 샤프 선교사는 이질에 걸려 그만 3월 15일, 34세의 나이로 숨을 거두고 맙니다. 이제 막 제대로 된 사역을 펼치려는 중에 일어난 날벼락 같은 사건이었습니다. 로버트 샤프 선교사는 영명학교 뒷동산에 묻힙니다.

가장 충격과 슬픔에 빠진 사람은 당연히 부인 앨리스 샤프였습니다. 샤프 부인은 충격 속에 명선학당을 동료 스웨어러Swearer 선교사에게 맡기고 미국으로 떠납니다. 샤프 부인이 떠나는 날, 학당은 울음바다가 됐다고 합니다. 샤프 부인의 슬픔도 컸지만 그를 떠나보내는 공주 사람들의 슬픔도 말로 형용할 수 없을 정도로 컸습니다.

하지만 앨리스 샤프 선교사는 2년 뒤 다시 조선으로 돌아옵니다. "남편이 하던 일을 계속하겠다"며 그녀는 남편 로버트 샤프 선교사가 했듯이 충청지역 곳곳을 다니며 전도를 하고 교회를 세웁니다. 그 일을 무려 30년이 넘도록 합니다. 강경 만동여학교, 논산 영화여학교가 모두 그녀의 헌신으로 세워진 것입니다.

유관순을 양녀로 삼아 독립투사로 양육한, 앨리스 샤프 선교사

남편 로버트 샤프 선교사와의 사이에 자녀가 없었던 앨리스 샤프 선교사는 가난한 집 자녀들을 후원하고 돌보는 일을 사명처럼 생각했습니다. 당시 천안 병천에 살던 유관순도 그렇게 해서 앨리스 샤프 선교사의 보살핌을 받게 되었습니다. 앨리스 샤프 선교사는 유관순의 부모를 설득해 유관순을 양녀로 삼았습니다. 그리고 유관순은 11세 때인 1913년경에 공주 영명학교에 입학합니다.

앨리스 샤프 선교사가 세운 영명학교는 충청지역 독립운동을 넘어 민족 재건의 일꾼을 길러내는 못자리판 역할을 했습니다. 영명학교를 떠받치는 두 기둥은 신앙과 애국이라고 할 수 있습니다. 신앙의 사회적 실천이라는 감리교의 정신과 맥이 닿아 있는 것입니다. 영명학교는 일제강점기와 한국전쟁이라는 크나큰 질곡을 거치는 동안 무수한 민족 지도자들을 배출했습니다. 이름 그대로 영명학교는 '캄캄한 시대를 오래도록 환하게 비추고 있는 빛(永明)'이 되어 오고 있습니다.

영명학교 출신의 가장 대표적인 인물은 유관순 열사입니다. 영명고등학교가 있는 영명동산에서는 공주 시내가 한눈에 들어옵니다. 언덕 위 교정에서 점점 어두워져 가는 이 땅을 내려다보며 10대 초반의 유관순 열사는 무슨 생각을 했을까요?

1916년, 앨리스 샤프 선교사는 유관순을 자신이 교사로 재직했던 이화학당 보통과 학생으로 입학시킵니다. 가난했던 유관순을 배려해 전액 장학금 혜택을 줍니다. 그리고 2년 뒤, 유관순은 이화학당 고등과에 진학합니다. 유관순은 이화학당을 다니면서도 방학 때면 고향에 내려와 모교인 영명학교를 찾아 문맹 퇴치에 앞장섰습니다.

　1919년 3월 1일, 서울, 평양 등 전국의 주요 도시에서 일제히 만세운동이 벌어지는 것을 목격하고, 남대문 시위에도 직접 참여했던 유관순은 일제에 의해 이화학당에 휴교령이 내리자 고향으로 내려와 천안, 연기, 청주 등지의 교회와 학교를 찾아다니며 사람들을 모아 서울 등 주요 도시에서 벌어진 만세운동을 설명합니다. 그리고 미국 감리교 선교사가 설립한 공주 제일교회와 영명학당에서 태극기를 몰래 제작, 준비하였습니다. 드디어 4월 1일 충남 천안군 병천면 아우내 장날, 장터 어귀에서 몰래 만든 태극기를 나누어 주면서 만세 시위운동에 참여하러 모여드는 사람들에게 용기를 북돋아 주었습니다. 정오가 되자 많이 모여든 군중 앞에서, 이렇게 열변을 토해냅니다.

"여러분 우리에겐 반만년의 유구한 역사를 가진 나라가 있었습니다. 그러나 일본 놈들은 우리나라를 강제로 합방하고 온 천지를 활보하며 우리 사람들에게 갖은 학대와 모욕을 다하고 있습니다. 우리는 10년 동안 나라 없는 백성으로 온갖 압제와 설움을 참고 살아왔지만 이제 더는 참을 수 없습니다. 우리는 나라를 찾아야 합니다. 지금 세계의 여러 약소민족들은 자기 나라의 독립을 위하여 일어서고 있습니다. 나라 없는 백성을 어찌 백성이라 하겠습니까. 우리도 독립만세를 불러 나라를 찾읍시다."

태극기는 미국 감리교 선교사가 설립한 공주제일교회, 그리고 영명학교에서 인쇄합니다. 마침내 수천 명이 참여한 역사적인 아우내 장터 만세 시위가 벌어지게 됩니다. 그리고 그 자리에서 체포된 유관순은 서대문형무소에서 잔혹한 고문을 당하고, 옥중 만세운동 등을 하며 끝없이 저항하다가 출옥을 3개월 앞둔 1920년 9월 28일, 18세의 꽃다운 나이로 세상을 떠나고 맙니다. 이러한 유관순 열사의 항일운동은 한동안 잊혔었지만 조국 광복과 함께 세상에 알려지게 되었던 것입니다.

영명학교가 배출한 독립운동 영웅들

유관순 열사만이 아닙니다. 해방 후 각 분야에서 대한민국의 기초를 닦았던 걸출한 인물들이 영명학교에서 나왔습니다. 동경 2·8 독립선언을 주동한 윤창석, 유관순 열사의 오빠로 공주지역 3·1운동을 주도했던 유관옥, 전 민주당 대통령 후보였던 조병옥 박사, 전주일대사 정한범, 연세대 재단 이사장을 지낸 변홍규, 홍콩 총영사 이요한, 충남 도지사를 지낸 황인식, 우리나라 최초의 여자 경찰서장 노마리아, 무의탁자들의 보호자라 불렸던 전밀라 등이 모두 영명이 배출한 인물들입니다.

여기서 좀 더 짚어야 할 인물이 황인식 선생입니다. 아마 이 책을 읽는 독자들에게 익숙하지는 않은 이름일 겁니다. 그는 공주의 양반 가문 출신으로 소년 시절 서양문물을 접한 뒤, 충격을 받고 1905년 영명학교에 입학해 1909년 영명학교 제1회 졸업생이 됩니다. 그리고 당시 조선 최고의 학교이던 평양 숭실학교로 진학합니다. 1912년 숭실학교를 졸업하지만, 일제 치하의 조선에서 공직의 길을 가는 대신 고향으로 내려와 영명학교에서 교편을 잡습니다. 일찌감치 일제로부터 '불령선인(不逞鮮人)'이란 낙인이 찍힌 그는 끊임없이 일제로부터 감시를 당합니다. 불령선인은 일제의 말을 따르지 않는 '불량한 조선 사람'이란 뜻으로 일제는 정의롭고 양심적인 우리나라 사람들을 그렇게 딱지 붙였던 것입니다. 그는 1919년엔 공주에서 만세 시위를 주도하기도 합니다.

황인식은 1921년엔 미국으로 건너가 덴버 대학에서 생물학을 전공하고, 컬럼비아 사범대학에 진학합니다. 그리고 1927년에 귀국해 다시 영명학교에서 교편을 잡습니다. 그리고 윌리엄스 교장이 1940년 일제에 의해 강제 출국을 당하자 교장 직무대리로 영명학교를 지키는 데 앞장섭니다. 그것은 생명을 내놓는 일이었습니다. 그는 1930년부터 윌리엄스 교장이 강제출국을 당한 1940년까지 10년간 무려 세 번이나 일제에 의해 옥고를 치릅니다. 일본 학생에 의한 조선 여학생 성희롱 사건으로 촉발된 1929년 10월 광주학생운동 동맹휴학을 선동했다는 이유로 구금되었다가 혐의없음으로 풀려났지만, 2년간 교사 자격을 박탈당해야 했습니다. 또 한번은 1937년 평양 숭실학교 음악 교사였던 안신영이 수업 시간에 '불온한 창가'를 가르쳤다는 이유로 구속되는데, 여기에 가담했다고 해서 일본 경찰에게 끌려가 심한 고문을 당합니다. 그리고 1940년에는 아무런 이유도 없이 집에서 잠을 자다가 부인과 함께 끌려가기도 했습니다. 해방과 함께 황인식 선생에게 빛이 찾아와 미 군정의 고문, 충청남도 도지사, 해양대학 초대 학장을 차례로 역임하게 됩니다. 그는 자신의 신앙과 신념에 따라 일제에 맞서 굽히지 않는 독립운동을 해왔던 것입니다.

이처럼 공주의 자그만 한 시골 학교인 영명학교는 숱한 독립운동가를 길러내는 독립운동의 진원지처럼 되었습니다. 당연히 일제도 영명학교와 앨리스 샤프 선교사를 곱게 볼 리가 없었습니다. 결국 앨리스 샤프 선교사는 1940년 일제의 선교사 강제철수 조치에 따라 이 땅에서 쫓겨나야만 했습니다. 남편의 죽음 후 2년간 미국에서 지냈던 시간을 제외하고, 그녀는 38년간이나 조선 땅에서 교회와 학교를 세워 꿈과 희망이 없던 사람들을 빛 가운데로 이끌며 올바른 민족정신과 독립정신을 되새겨 애국애족 정신으로 승화시켰습니다.

69세의 나이에 조선에서 쫓겨나 미국으로 돌아간 앨리스 샤프 선교사는 1972년 LA의 파사데나 지역에 있는 은퇴선교사 양로원에서 101세의 나이로 하나님의 부르심을 받았습니다. 하지만 그것이 끝이 아니었습니다. 앨리스 샤프 선교사의 헌신을 기억하는 한인들이 샤프 선교사기념사업회를 만들어 그 헌신적인 삶을 기리기로 한 것입니다. 사업회는 앞으로 앨리스 샤프 선교사의 유해를 공주로 가져와 남편 로버트 샤프 선교사와 합장하고, 공주 지역에서 사역했던 미국 선교사들의 사역과 선교지를 돌아보는 프로그램을 준비하고, 한국의 기독교 선교 유적을 유네스코 세계유산으로 등재하는 일을 추진하고 있습니다. 또한 미국에 있는 한인 청소년들을 공주를 비롯한 국내의 선교 유적지에 보내 민족의 역사와 선교사들의 삶과 사역을 배우도록 할 계획입니다.

이역만리 낯선 조선 땅에서 갑자기 남편을 잃은 충격과 슬픔에도 굴하지 않고 묵묵하게 복음의 씨앗을 뿌렸던 연약한 한 여성 선교사를 통해 이 땅에 이렇게 무수한 민족의 열매들이 맺혀 왔던 것입니다.

한국을 잊지 못한 선교사, 프랭크 윌리엄스

"지금부터 110년 전, 16살 된 어느 총각의 이야기입니다. 그는 길가에서 '윌리엄스'라는 당시 공주 주재 선교사를 만나 예수를 믿게 됩니다. 윌리엄스 선교사의 도움으로 영명초등학교를 늦은 나이에 들어갑니다. 그리고 배재학당을 졸업하고, 협성신학대를 졸업한 후 원산에 있는 감리교 선교사들이 설립한 루씨학교의 성경 교사 겸 조선어 교사로 부름을 받게 됩니다. 이 총각의 이름은 '전희균'으로, 제 조부가 되는 분입니다."

감리교 감독회장을 지낸 전용재 목사의 말입니다. 공주에서 사역했던 프랭크 윌리엄스Frank E. C. Williams, 1883~1962, 한국명 우리암 선교사를 말하고 있는 것입니다. 윌리엄스 선교사는 미국 콜로라도주 출신으로 1906년 덴버 대학을 졸업하고 결혼한 뒤 곧바로 공주 선교사로 파송 받아 조선에 들어옵니다. 부인 이름은 앨리스 윌리엄스^{Alice B.} Williams, 한국명 '우애리시'입니다. 이 때문에 로버트 샤프 선교사의 부인 앨리스 샤프(한국명: 사애리시) 선교사와 혼동하는 경우가 종종 있습니다. 애리시(愛理施)는 Alice를 한자로 표기한 것으로 두 사람의 이름에 공통으로 앨리스(Alice)가 들어가다 보니까 같은 한자 이름 이 되었고, 또 남매처럼 다정하게 사역했기에 그런 오해가 지금까 지 남아 있는 것 같습니다.

월리엄스는 34세의 젊은 나이에 전염병으로 먼저 천국으로 간, 전임 선교사 로버트 샤프의 사역을 대신 맡았습니다. 우선 로버트 샤프 선교사가 순직한 뒤 중단됐던 명설학당을 다시 열었습니다. 아마 앨리스 샤프 선교사와는 오누이처럼 서로 협력하며 사역을 잘 해나갔음을 짐작할 수 있습니다. 왜냐하면 1906년 가을, 월리엄스 는 한국인 몇 명과 함께 '중흥'이라는 학교를 세우는데, 이것은 명 설학당을 확장한 것입니다. 그리고 1909년에는 학교명을 '영명'이 라 바꿉니다. 1932년에 영명과 명설학당이 합쳐져 영명학교가 됩 니다. 하지만 1942년 일제의 강제 폐교 조치로 문을 닫았다가 해방 후인 1949년 다시 문을 열게 됩니다.

그러니까 영명학교는 로버트 샤프 선교사와 부인 앨리스 샤프 선 교사의 헌신, 거기다 로버트 샤프 선교사의 후임인 월리엄스 선교 사, 이 세분의 합작품이라고 할 수 있습니다. 그들의 아름다운 협력 이 결국 무수한 열매를 낳았다고 해야 할 것입니다.

앞에서 앨리스 샤프 선교사가 1940년 일제의 선교사 강제철수 조치로 미국으로 돌아갔다고 했지요? 윌리엄스 선교사 역시 그해 12월 일제에 의해 추방됩니다. 하지만 그는 미국으로 돌아가지 않고 인도로 갑니다. 선교본부의 조치 때문이었는지 아니면 한국과 비슷한 선교지에 가서 사역하길 원해서였는지는 분명하지 않지만, 확실한 것은 그는 추방 후에도 한국을 그리워하며 한국에 다시 오고 싶어 했다는 것입니다. 그가 선교본부에 보낸 편지를 보면, 그의 한국 사랑이 어느 정도였는지 느껴집니다.

1941년 6월 30일, 인도에서 미국 선교본부에 보낸 편지에서 그는 "한국에 있을 때보다 한국인을 위해 더 많이 기도하고 있다"고 고백합니다. 그리고 1945년 1월 11일 편지에는 "극동지역에 밝은 전조의 해가 밝았다"며 "한국행 길이 열린다면 다시 가족 모두 (한국으로) 가겠다"고 합니다. 또다시 1945년 6월 27일엔 "한국이 열리고 요청받는다면 무슨 수를 써서라도 한국에 가고 싶다. 그 희망의 끈을 포기한 적 없었다"고 밝힙니다.

1945년이면 그의 나이가 62세, 현역에서는 진작 은퇴했어야 할 때인데도 그는 '한국 선교사'로서의 강렬한 열망에 불타고 있었던 것입니다. 같은 편지에서 그는 "이 나이에 꼭 선교하려는 열정은 아니라도 원하는지는 물어보고, 불러준다면 기꺼이 한 팀(term) 더 일할 용의가 있다"고 간곡하게 한국 선교사를 맡고 싶어 합니다.

꿈은 그렇게 이루어진다고 했던가요? 1945년 가을, 연합국 최고 사령부 사령관 맥아더로부터 전보가 온 것입니다. 주한 미 군정청 하지 사령관의 농업 고문으로 임명되었으니 빠른 시일 내에 부인과 아들을 데리고 한국으로 오라는 것이었습니다.

그때의 심정을 윌리엄스는 이렇게 표현하고 있습니다. "누가 추천했는지 모르지만 이런 일이 어떻게 나에게… 꿈도 꾸지 못했던 일…" 정말 기도하고 희망은 했지만 차마 현실이 되리라고는 꿈조차 꾸지 못했던 일인데, 현실이 되고 말았던 것입니다.

대한민국 건국의 메신저, 조지 윌리엄스

알고 보니 이유가 있었습니다. 아들 조지 윌리엄스[George Z. Williams, 1907~1994] 때문이었습니다. 그는 프랭크 윌리엄스 선교사의 아들로 인천에서 태어났습니다. 조지 윌리엄스의 한국 이름은 '우광복(禹光復)'입니다. 조선의 광복을 염원하는 아버지 프랭크 윌리엄스 선교사의 열망이 그 이름에 고스란히 담겼다고 합니다. 우광복은 14세까지 공주에서 자랐습니다. 식물과 곤충 채집, 동물 관찰을 좋아했던 그는 영명학교를 졸업한 뒤 할아버지, 할머니가 살고 있는 미국 콜로라도로 건너가 덴버 대학교에 입학합니다. 전공은 화학, 그리고 콜로라도 의학전문학교에 입학해 세포를 연구합니다. 그는 이 분야에 뛰어난 연구 성과를 발휘해 1930년 『생화학 저널』에 "비타민B의 다양성"이란 주제의 논문을 싣기도 합니다. 이후에는 비타민과 간질환, 결핵 등에 대해 꾸준히 연구했고, 버지니아 의학교 병리학 교수로 일하기도 합니다.

그리고 2차 세계대전 때는 해군 군의관이자 통역장교가 되어 한국으로 돌아왔습니다. 1945년 9월 8일, 그날은 우광복을 태운 미국의 해군 군함이 인천에 상륙하는 날이었습니다. 배가 인천항에 다다르자 우광복은 갑판 책임자인 대령에게 상륙 보고를 하러 갔습니다. 그 대령에겐 한국인 통역들이 세 명이나 있었지만 서로 말을 잘 알아듣지 못해 애를 먹고 있었습니다. 그때였습니다. "이 한국인들은 자신들이 제2차 세계대전 중 일본과 싸운 지하 독립운동가이며, 하지 중장에게 존경을 표하고 싶다고 얘기하고 있습니다." 우광복의 통역을 들은 대령은 깜짝 놀라서 "자네가 어떻게 한국어를 알지?"라고 물었고, 우광복은 "저기 보이는 언덕 위 검은 지붕의 붉은 벽돌집이 제가 태어난 곳입니다"라고 답변했습니다. 부하 장교가 한국에서 태어났다는 말에 대령은 깜짝 놀랐습니다. 우광복, 그는 당시 한국어를 아는 유일한 미군이었던 것입니다.

그 대령은 우광복을 하지 중장에게 소개해 주었고, 그때부터 우광복은 하지 장군의 보좌관으로 복무하게 됩니다. 그리고 한국을 다스리는 데 필요한 각 분야 참모가 필요하다는 하지의 말에 우광복은 자신의 아버지 윌리엄스 선교사를 비롯해 언더우드 선교사의 아들 원한경^{H. H. Underwood, 1890~1951} 등 여러 사람을 하지 장군에게 소개했던 것입니다. 그리하여 윌리엄스는 미 군정청 농업정책 고문, 원한경은 교육정책 고문으로 각각 임명됩니다. 이밖에도 여러 사람이 우광복의 추천에 의해 일제 이후 미 군정의 대 한반도 정책에 영향을 끼치게 됩니다.

그렇다면 선교사이자 목회자이며, 학교 설립자였던 윌리엄스가 어떻게 농업정책 고문에 임명될 수 있었을까요? 그것은 그가 공주에 있을 때 펼쳤던 여러 가지 농촌 프로그램 때문이었습니다. 윌리엄스는 일반적인 기독교인 양성보다는 농촌지도자 배출에 심혈을 기울였습니다. 그래야만 일제 이후 한국을 제대로 재건할 수 있다고 봤기 때문입니다. 그는 농촌의 변소와 우물을 개량하는 등 다양한 농촌개량사업을 펼쳐서 많은 성과를 거두었습니다. 또한 1932년에는 영명학교를 농촌 실정에 맞는 실업교육을 통해 농촌 지도자를 배출해야 한다는 취지로 '영명실수(實修)학교'로 이름을 바꾸기도 했습니다.

언더우드 선교사의 아들 원한경이 미 군정청 교육정책 고문으로 임명된 것도 그의 경신학교 교사, 조선신학교 교수이자 교장, 연희전문학교 교장 등 교육자로서의 경력을 인정받았기 때문입니다. 이밖에도 원한경은 한국의 교육 관련 저서를 여러 권 저술하는 등 그 누구보다도 탁월한 교육 전문가였습니다.

해방 이후, 미 군정청에 우광복이 추천한 인사들은 하나같이 신실한 크리스천이었습니다. 이들이 미 군정이 끝나고 대한민국 정부가 수립될 때 각 분야에서 대한민국 건국의 기초를 놓았던 분들입니다.

우광복은 한국전쟁이 끝난 뒤 다시 미국으로 돌아가 여생을 연구에 바칩니다. 그리고 1994년, 그는 87세의 일기로 캘리포니아에서 눈을 감습니다. 그의 마지막 유언은 11살에 죽은 동생 올리브 옆에 자신을 묻어 달라는 것이었습니다. 우광복은 그 동생 옆에, 자신이 어린 시절 추억이 깃든 공주 땅에 묻히고 싶었던 것입니다. 우광복의 묘와 동생 올리브의 묘가 영명동산에 나란히 누워 있는 이유입니다. 이밖에도 영명동산엔 여러 선교사의 묘가 있습니다. 그들은 이곳에서 사역하다가 젊은 날, 혹은 평생을 조선에 바쳤던 분들이고, 이곳에 뼈를 묻었습니다. 이곳에 서면 그 어떤 언어도 필요 없습니다. '선교란 바로 이런 것이다!'는 강한 외침이 가슴속 깊이 메아리쳐 오기 때문입니다.

10

선교사를 통해
감자와 과일이
들어오다

'초근목피'라는 말을 들어보셨나요? '보릿고개'라는 말은요? 제대로 먹을 것도 없는 빈궁한 시절을 보내온 우리네 부모, 할아버지 세대엔 너무나 익숙한 단어입니다. 그러고 보면 우리가 먹을 것 걱정 없이 보낸 게 얼마 되지 않았다는 말이기도 합니다. 굳이 따지자면 1980년대 이후부터 초근목피와 보릿고개가 옛날이야기가 되지 않았나 싶습니다. 그러니 구한말에는 어땠을지, 그때로 돌아가 보지 않더라도 우리네 할아버지 할머니들의 모습을 짐작할 수 있습니다.

흔히 먹을 것조차 없는 상태를 '기아' 또는 '기근'이라고 하죠. 한마디로 극심한 굶주림, 빈곤 상태를 말합니다. 그 원인은 가뭄이나 홍수 같은 자연재해일 수도 있지만, 전쟁이나 부정부패일 때도 있습니다. 특히 전쟁은 식량을 없애고, 농사를 지을 수 있는 땅과 사람을 모조리 쓸어갑니다. 조선 시대 이후 전쟁과 기근의 악순환이 이어졌던 것을 우리는 임진왜란, 병자호란 등을 통해서도 충분히 알고 있습니다.

그런데 구한말도 예외가 아니었습니다. 1894년에서 1904년, 이렇게 10년 사이에 한반도에서 벌어진 청일전쟁, 러일전쟁 등 두 차례의 전쟁으로 인해 기근이 만연했습니다. 거기다 전염병에 탐관오리들의 부정부패까지 겹쳐 민중들의 삶은 피폐해졌습니다. 농촌을 등지고 산으로 가는 화전민, 아예 한반도를 등지고 만주나 연해주로 떠나는 이민들도 대거 생겨났습니다.

혹시 젊은이들 중에 "전쟁 나면 라면이라도 먹으면 되지 않느냐?"고 생각할 사람이 있을지 모르겠습니다. 물론 그때는 라면이 개발되기 전이었습니다. 그래서 초근목피, 즉 풀뿌리와 나무 껍데기를 끓여서 죽처럼 먹는다는 말이 나왔던 겁니다. 심지어 만주로 이주해 갔던 사람들 중에는 초근목피조차도 없어서 가족들이 뿔뿔이 흩어지거나 딸을 청나라 사람에게 팔아넘기는 일도 있었다고 합니다. 이 역시 우리가 기억해야 할 슬픈 우리 민족사의 한 장면입니다. 전쟁, 가난, 기근은 한마디로 생지옥입니다.

"당시는 농업 사회였는데 왜 먹을 게 없냐?"고 따질 사람이 있을지도 모르겠습니다. 그런데 풍년은 자주 없었던 것 같습니다. 다음은 1908년 언더우드 H. G. Underwood, 1859~1916 선교사가 *The Call of Korea*라는 책에서 당시 우리의 농촌과 식량 사정을 언급한 내용입니다.

"농작과 목축의 비율을 적절하게 안배하는 문제, 비료를 생산하고 사용하는 문제, 또 농작물의 농작을 적당히 조절하는 문제에 대해 한국인은 지식을 갖고 있지 못한 것 같다. 그런데도 불구하고 한국의 토양은 훌륭한 작물을 생산하고 있다. 농기구를 보면 한국은 이웃 나라보다 훌륭한 것을 가지고 있다. 채소의 종류도 풍부하나 볼품이 없고 맛이 없다. 과일로 말하면 한국은 상당히 풍부하게 생산된다. 그러나 과수를 덮치는 각종 기생충을 근절시키는 수단을 마련하지 않음으로써 과일이 익을 때까지 기다리게 되면 아무것도 얻을 수 없게 되어 아직 익지도 않은 것을 거의 따버리고 만다."

이미 미국의 서양 농업기술을 알고 있던 언더우드 선교사가 안타까운 마음으로 조선 사회를 그리고 있습니다. 땅도 비옥한데 농사에 대한 지식이나 기술이 없어서 농사를 망치고 있다는 것입니다. 그는 농사 지식이나 기술만 제대로 갖춘다면 조선의 기근이나 굶주림의 문제는 충분히 해결할 수 있다고 봤던 것입니다.

귀츨라프 선교사를 통해 들어온 감자

우리의 딱한 형편에 대해 안타깝게 생각했던 이는 언더우드만이 아닙니다. 귀츨라프K. F. Gutzlaff, 1803~1851 선교사를 아십니까? 그는 우리나라에 한문 성경을 전해 준 최초의 선교사였습니다. 토마스 선교사가 대동강 변에서 성경을 전해주며 순교한 게 1865년인데, 그보다 몇십 년 앞선 분이니까요. 그는 독일 출신 선교사로서, 24세 때 인도네시아 선교를 거쳐 태국, 중국, 그리고 1832년 7월에 우리나라에 도착했습니다. 그는 암허스트호라는 영국 상선을 타고 해안가를 따라 이동했는데, 황해도 몽금포를 거쳐 충남 보령의 고대도, 제주도를 방문했다고 전해집니다.

7월 17일 몽금포에 발을 디뎠을 때 만난 조선 사람들의 반응과 인상을 그는 일기로 남겼습니다. 그리고 어부에게 성서를 선물했습니다.

"우리가 언덕을 향해 마구 진입을 시도하자 (그들은) 어찌할 바를 몰랐다. 우리가 마을 쪽으로 걸어가자 그들은 버티고 서서 한 발자국도 옮기지 못하게 막았다. 아마 그들의 초라한 오두막집을 우리에게 안 보이려고 하는 것으로 짐작하고, 우리는 더 이상의 시도를 단념하였다. 언덕에는 아름다운 들백합과 들장미가 피어 있었다. 가꾼 흔적은 없었지만, 이 땅이 그만큼 비옥하다는 증거이다. 우리가 언덕에서 내려가자 그들의 요구를 수용해 준 것에 만족하여 담뱃대와 잎담배를 우리에게 주었다."

몽금포의 주민들에게 좋은 인상을 받은 귀츨라프 선교사가 도착한 곳은 고대도였습니다. 고대도는 대천항에서 배로 1시간 20분 정도면 갈 수 있는 작은 섬입니다. 귀츨라프 선교사를 태운 선박이 영국 동인도회사 소속이었고, 조선 정부를 대상으로 공식 교역 요청 공문을 보내고 조선 왕실(조정)로 부터 회신을 기다리는 동안 귀츨라프 선교사 일행은 고대도를 비롯해 일대를 둘러볼 수 있었습니다.

귀츨라프 선교사는 그 기회를 이용했습니다. 그는 "좋은 기후와

비옥한 토양에서 여러 가지 농산물을 재배하지 않는 것이 대단히 유감스러운 일"이라고 하면서 배에 가지고 있던 감자를 주민들에게 보여줬습니다. 그리고 주민들이 보는 앞에서 해안가에다가 직접 감자를 심어 보이기도 했습니다. 물론 그렇게 되기까지 주민들의 반대도 있었습니다. 다음은 귀츨라프 선교사의 7월 30일 자 일기입니다.

"오늘 오후 우리는 해안에 감자를 심으러 갔으며 성공적인 감자 재배방법에 대하여 필요한 내용을 글로 써주고 파종하였다. 이 같은 유익한 활동마저도 처음에는 완강하게 거부되었다. 이 나라 국법에 어떤 외국 농작물의 수입도 금하고 있었기 때문이다. 그러나 우리는 이 거부 행위에 개의치 아니하고 '혁신이 있어야 수익이 있다'라고 그들이 수긍할 때까지 열심히 설명하자 말없이 승복하였다."

암허스트호 함장 린제이의 기록은 좀 더 생생합니다.

"오찬을 마친 후 우리 일행은 감자를 심기 위해 상륙했다. 귀츨라프는 감자 재배 방법을 자세히 기술한 내용을 미리 적어 왔다. 우리는 가능한 한 가장 좋은 땅을 선정하여 100개가 넘는 감자를 심었다. 수백 명의 주민이 둘러서서 놀라운 표정으로 이를 지켜보고 있었다. 우리는 재배방법을 기록한 종이를 땅 주인에게 주었다. 그는 이것을 잘 관리하겠다고 약속했다. 다음 날 나는 그 위에 울타리가 둘러쳐진 것을 보고 매우 기뻤다. 감자 재배의 방법대로 따른다면 이 훌륭한 농작물은 조선에 널리 확산될 것으로 기대된다. 조선의 토양과 기후는 감자 재배에 매우 적합해 보였다."

최초로 감자가 도입되는 순간입니다. 물론 감자의 도입은 그보다 10년 정도 앞선 1824년경에 중국을 통해 함경도 지역에 도입됐다는 기록도 있지만, 귀츨라프 선교사가 보급한 것이 최초라는 기록이 더 많이 남아 있습니다.

감자는 남미가 원산지로 스페인 정복자들에 의해 유럽에 알려졌고, 이것을 식용으로 최초 재배한 나라는 아일랜드로 알려져 있습니다. 그때부터 지금까지 유럽은 감자가 주식이 되다시피 했죠.

감자는 식량으로서뿐만 아니라 암과 당뇨, 동맥경화, 심근경색 예방에 효능이 있다고 합니다. 그러니 독일 사람으로 이미 감자를 주식으로 삼고 있었던 귀츨라프 선교사가 보기엔 '조선에 이 감자가 보급된다면 주민들의 영양 상태와 각종 병 예방에 탁월할 것'이었습니다. 감자는 그렇게 해서 재배법과 함께 조선에 들어왔고, 지금은 한반도 전역에서 감자를 재배하고 있습니다. 감자를 이용한 요리, 과자도 부지기수입니다.

정말 고맙지 않습니까? 지금 고대도를 가보면 귀츨라프 선교사를 기념하는 고대도교회도 있고, 귀츨라프 기념관, 기념비도 있습니다. 또 담벼락엔 귀츨라프 선교사의 얼굴과 감자도 그려져 있습니다. 당시만 해도 귀츨라프 선교사 일행은 주민들의 가족들이 대피할 정도로 의심과 두려움의 대상이었는데, 현재는 감사와 기념의 대상으로 바뀌었습니다. 고대도가 아니라 마치 귀츨라프 섬에 온 것 같은 착각이 들 정도니까요.

선교사를 통해 사과가 이 땅에 들어오다

우리나라에서 사과하면 제일 유명한 곳이 경산, 안동, 영주 등 경북 지방입니다. 물론 요즘은 충주나 제천, 단양 등 충북 지방으로 사과 재배지가 확산되기는 했지만 말입니다. 심지어 북한에서도 대량으로 사과를 재배한다는 뉴스를 본 적도 있습니다. 사과는 과일의 특성상 비가 적고 따뜻해야 하는데, 아무래도 지구 온난화의 영향으로 사과 재배지도 점점 북쪽으로 이동하고 있는 것 같습니다.

사과는 19세기 후반 외국 선교사들에 의해 대구에 가장 먼저 심어졌습니다. 대구는 선교회 본부가 있던 곳이기도 했지만, 화강암 지역으로 화강암 가루로 된 마사토는 사과나무가 딱 좋아하는 성분이기도 했던 것입니다. 그렇다면 그 전엔 우리나라에 사과나무가 없었을까요? 물론 사과나무가 있었지만, 지금과 같이 큰 사과가 아니라 조그만 열매가 달리는 종자였습니다. 일명 '능금'이라고 불렸죠. 크기도 작은데다가 결정적으로 맛이 없었다고 하네요. 지금처럼 상큼한 맛의 큰 사과 열매가 달리는 나무가 보급된 건 선교사들이 외국 품종을 가져오면서부터입니다.

국내 사과 도입과 관련해서는 거의 '앞다퉈 도입했다'는 표현이 맞을 정도로 여러 선교사의 이름이 등장합니다. 가장 먼저 미국 북장로교 선교사 아치볼드 플레처^{A. G. Fletcher}가 고향인 캘리포니아에서 가져온 사과 묘목을 대구에 있던 선교사 자택 정원에 심었다는 것입니다.

플레처 선교사는 경북 지역 나병 퇴치에 크게 기여한 선교사로 이름이 남아 있습니다. 1916년 나병원인 애락원을 건립했고, 제2대 동산기독병원(현 계명대 동산의료원) 원장을 역임했습니다. 병원 직원들과 함께 경북의 농촌 각지에 교회를 무려 112개나 세우신 분이죠.

반면, 1897년 12월, 부인과 함께 의료선교사로 대구에 왔던 미국 선교사 존슨^{Woodbridge Odlin Johnson}이 자택 정원에 심은 72그루의 사과나무를 심은 게 효시라는 기록도 있습니다. 존슨은 1899년 영남권 최초의 서양식 진료소인 제중원을 세웠는데, 그것이 동산기독병원으로 지금의 동산의료원으로 발전했습니다. 마치 그가 심은 한 알의 사과 씨앗이 무성한 나무로 자라듯 그렇게 병원이 확장돼 온 것입니다.

대구의 사과 보급에 존슨 선교사와 함께 대구에서 의료 사역을 했던 애덤스^{James E. Adams} 선교사가 시초라는 주장도 있습니다. 그는 자신의 고향인 미국의 캔자스주에서 사과 묘목을 들여와 대구에 있는 자신의 정원에 심었다는 것입니다. 하지만 존슨 선교사와는 방법이 좀 달랐던 것 같습니다. 존슨은 묘목을 그냥 심었다면, 애덤스는 미국산 사과나무 가지를 잘라 조선의 토종 능금나무에다가 접붙임을 했다는 것이죠.

애덤스는 부산, 서울, 평양 등지에서 사역했던 베어드^{W. M. Baird} 선교사의 처남이기도 합니다. 애덤스는 2년간 부산에서 한국어를 배운 뒤 1897년 대구로 파송 받아 본격적인 선교 사역을 했습니다. 1898년 애덤스는 자신의 집에서 교회를 개척했는데, 이것이 대구 제일교회의 시작이 되기도 했습니다. 그는 지금의 계명대인 계명학교를 세우기도 했지요. 사역 도중 부인이 먼저 죽는 슬픔을 당하기도 했지만, 인생 막바지엔 전 재산을 복음 전도기금으로 내놨을 만큼 조선을 사랑했던 분입니다.

'최초의 사과 도입'과 관련된 선교사는 한 분이 더 있습니다. 한국 이름 '소안론'의 윌리엄 스왈렌^{William L. Suallen} 선교사입니다. 모펫 선교사와 함께 평양신학교를 설립한 분이기도 하고, 평양에 있던 숭실대 농학부 교수이기도 했습니다. 그는 미국에서 농대를 나와 신학을 한 뒤 1892년 한국에 파송 받은 선교사입니다. 주로 평양에서 활동했는데 그는 평양 시내가 아닌 외곽에 살면서 농사를 짓고 과수원을 경작했다고 합니다. 그것이 조선 사람들에게 더욱 효과적인 전도 방법이라고 생각했던 것이죠.

한번은 안식년 차 미국에 다녀오면서 사과나무 묘목 300그루를 가져왔는데, 150그루는 선교본부가 있는 대구에, 나머지 150그루는 황해도 황주로 보냈다고 합니다. 이것이 대구 사과나무의 효시가 되었고, 지금도 북한의 황해도 황주에 사과가 많이 생산되는 이유라는 것입니다. 무엇보다 농대를 나오고 숭실대에서 농업과 교수였던 그의 경력으로 보면 충분히 가능한 일이었을 것으로 보입니다.

여기서 '누가 가장 먼저 사과를 조선 땅에 심었을까?' 하는 문제는 중요하지 않을 것 같습니다. 그저 조선에 사과나무를 보급해야 한다는 선교사들의 마음만큼은 하나였다, 그 정도로 이해하고 넘어가면 될 것 같습니다.

의료선교사(마티 잉골드)를 통해 들어온 딸기 재배법

봄철에 맛볼 수 있는 빨간 딸기 역시 선교사에 의해 국내로 들어왔다고 전해집니다. 감자처럼 딸기도 남미가 원산지인데, 이것이 유럽에 전래되면서 또다시 미국으로 건너갔고, 이것이 미국 선교사에 의해 한국으로 오게 된 것입니다.

주인공은 마티 잉골드Mattie Ingold, 1867~1962 선교사입니다. 미국 볼티모어 여자의과대학을 수석으로 졸업하고 남장로회 파송으로 1897년 9월 제물포에 도착했습니다. 그리고 전주로 내려가 11월 3일 전주 성문밖에 초가집 한 채를 구입해 진료소를 차렸습니다. 이것이 전주 예수병원의 시작이었죠. 이 병원은 세브란스병원에 이어 두 번째로 설립된 국내 서양 병원입니다. 1940년 신사참배 거부로 폐원됐다가 해방 후 재 개원했는데, 1950년, 60년대엔 전국적인 기생충 박멸운동, 국내 최초의 암 등록 사업을 시작했을 만큼 선진 진료체계를 갖춘 병원으로 유명했습니다.

잉골드 선교사가 딸기를 들여온 것은 1905년으로 전해집니다. 한 해 전, 미국에 안식년 차 갔다가 오는 길에 딸기 종자를 들여와 화산

동에 심었고, 이것이 전국적으로 확산되었다는 것입니다. 이와 관련해 신호철 장로(전 양화진선교회 회장)가 기전여학교 설립자인 랭킨^{N. B.} ^{Rankin}의 기록을 다음과 같이 전해주고 있습니다. "딸기는 조선에 자라는 토종이 아니며, 잉골드가 들여와 전국으로 확산 보급하였다."

랭킨의 기록에 의하면, 1907년 5월 27일 잉골드가 수확한 딸기를 가지고 잔치를 벌였는데 학생들이 즐거워했다고 되어 있습니다. 잉골드는 자신의 텃밭에 딸기를 비롯해 토마토, 고추 등을 심어 기르는 전원생활을 무척 좋아했던 것 같습니다.

하지만 슬픈 일도 있었습니다. 그토록 바라던 아기가 사산된 것입니다. 지금도 전주 선교사 묘지에는 잉골드와 테이트 선교사 부부 딸의 작은 묘가 있습니다. 그런데 출생일과 사망일이 1910년 9월 15일로 같습니다. 결혼 5년 만에 얻은 딸이 죽은 채 태어났기 때문입니다. 물론 아기를 출산할 당시 잉골드 선교사의 나이가 마흔셋이었으니까 쉽지 않았다고 할 수도 있지만, 그만큼 풍토병 등 스트레스가 많았다는 것도 짐작할 수 있습니다. 그날의 슬픔에 대해 잉골드는 자신의 일기장에 이렇게 기록했습니다.

"나는 9월 15일 여자아이를 사산했다. 그것이 우리에게 마음 아프고 비통하며 실망스러운 일이었다. 우리는 그렇게 원했던 작은 생명을 잃어버렸다."

봄철이면 흔하게 접할 수 있는 이 딸기가 거슬러 올라가면 선교사의 그런 수고와 땀, 그리고 슬픔의 결실이라는 것 아니겠습니까.

이제 딸기를 접할 때마다 그 빨간 색깔에서 잉골드 선교사의 희생을 생각해 보는 건 어떨까요?

언더우드의 노력

앞서 언급했지만, 한국 농업의 현실에 대해 누구보다 애정을 가졌던 이는 언더우드 선교사입니다. 언더우드는 장로교에서 발행하던 「그리스도신문」의 발행인 겸 편집인을 겸하고 있었습니다. 그 신문에서는 그가 조선 농업에 어느 정도 관심을 가졌는가 하는 걸 엿볼 수 있습니다. '농리편설'이란 난을 만들어 서양의 농사기법을 소개하고 있는데요. 그는 1897년 4월 8일 자 사설에서 '농리편설' 난을 둔 이유를 다음과 같이 설명하고 있습니다.

"미국 공사 실 씨가 농사 리치를 만히 아는 고로 대강 말하엿거니와 이후 신문에 농사리치를 여러 번 긔록할 터이니 이 법을 자세히 보고 이 리치대로 농사를 하면 힘도 적게 들고 물력도 적게 들거시니 의사잇는 사람은 헛되이 듯지 말고 이대로 하면 내 몸도 위하고 나라도 위하는 법이니 아모쪼록 힘써 하야 부강한 나라히 되어 타국에 라고 견모를 밧지 말기를 바라노라."

이 말을 간단히 풀어 쓰면 이렇습니다.

"농리편설 난을 통해 서양 농사법을 연재할 터이니 잘 새겨듣고 그대로 하면 자신의 건강은 물론 부강한 나라를 이룰 수 있다."

실제로 신문에는 1897년부터 1901년까지 거름 만드는 법, 접붙이는 방법, 소 젖 짜는 법, 감자 재배법, 돼지 설사병, 씨 심는 기계 사용법, 오리 기르는 방법, 달걀을 곯지 않게 하는 법 등 농사와 관련된 거의 모든 방법이 자세히 나와 있습니다.

글로만 한 게 아니라 실제 그는 미국으로부터 밭 가는 기계를 들여와서 농민들에게 판매하기도 했습니다. 하지만 실적은 별로였던 것 같습니다. 아무래도 농민들이 전통 농사법에 익숙한 데다 기계를 구입할 형편이 안 되었기 때문으로 보입니다. 언더우드는 씨 뿌리는 기계, 풀 베는 기계도 도입했지만 역시 판매는 많이 이뤄지지 않았습니다.

이 때문에 그는 오해를 받기도 했습니다. 선교사가 선교는 하지 않고 장사를 하고 있다는 것이었죠. 하지만 언더우드는, 자신은 원가로 기계를 들여와서 판매하는 것이고, 다만 농민들의 재배법이 나아지기를 바라는 마음으로 그렇게 한 것뿐이라고 항변했습니다. 실제 언더우드 선교사가 돈을 벌 목적이었다면 애초에 조선으로 선교를 오지도 않았을 것입니다. 그가 조선으로 선교를 하러 간다고 했을 때, 그의 형은 "그러지 말고 내 사업을 도와라"고 했지만 그는 끝내 뿌리치고 조선으로 왔던 것입니다. 언더우드의 형은 '언더우드 타자기'라는 유명한 회사를 경영하고 있었습니다. 뿐만 아니라 형은 언더우드가 조선에서 선교에 어려움을 겪자, 미국의 한 대학교 총장 자리를 제안하기도 합니다. 하지만 언더우드 선교사는 단호히 거절했지요. 그런 그가 단지 돈을 벌기 위해 조선의 농민들을 대상으로 기계를 판매했다는 주장은 억지로 봐도 될 것 같습니다.

그는 또 조선에서 하루빨리 농업학교를 설립해야 한다고 주장했습니다. 미국 경험이 있는 사람들을 중심으로 농학원, 즉 농업학교를 세워서 농업 일꾼을 양성해야 한다는 것이죠. 그는 또 구황작물 재배에도 큰 관심을 가졌는데요. 그렇게 하면 해마다 거듭되는 흉년과 기근의 피해를 막을 수 있다는 것이었습니다. 「그리스도신문」 1898년 6월 17일 자 논설입니다.

"우리가 작년의 년사를 말할진대 년사가 좀 부족하기는 하나 큰 흉년이라 할 수가 업는지라 이러한 조고마한 흉년에 곡가가 대단히 고등하며 인민이 만히 아표디경을 당하는 거슨 … 우리 대한이 본래 벼는 숭상하나 밀은 슝상치 아니하는 고로 비가 부족하게 오는 해에는 번번히 흉년을 당하는 거시오."

1897년에 큰 흉년이 있었던 것 같고, 이러한 흉년이 있을 때마다 곡물가가 폭등해 백성들이 고통을 당한다는 것입니다. 그래서 그 해결책으로 벼만 재배할 게 아니라 가뭄 등 흉년에 대비해 밀도 병행해서 재배해야 한다는 것입니다. 너무나 타당한 주장이라 아니할 수 없는 내용이죠. 언더우드, 그는 교육과 의료 선교에도 기여했지만, 무엇보다 조선의 민중들이 농업 진흥을 통해 빈곤으로부터 해방되기를 바랐던 분입니다.

우리 식탁에는 매일 신선한 채소와 과일, 고기들이 올라옵니다. 가끔 그 음식의 기원을 한 번씩 더듬어 보는 것도 좋지 않을까 싶습니다. 그러다 보면 슬픈 민족사를 알게도 되고 이런 민족을 사랑했던 선교사들의 헌신도 기억하게 될 것입니다.

에필로그

대한민국은 하나님께서 쓰시려고 빚으신 절묘한 작품입니다

이 책을 준비하면서부터 한결같이 제 마음과 생각을 사로잡은 것은 '하나님께서는 대한민국을 무척 사랑하신다'는 것입니다.

하나님께서 그분의 때에 귀히 쓰시기 위해 지켜주시고 보호하신 나라가 바로 초일류국가, 대한민국입니다. 대한민국은 하나님께서 21세기에 선교의 빛을 발하는 선교강국으로 쓰시기 위해 특별히 예비하신 국가입니다.

지나온 100여 년의 근현대사를 들여다보면, 대한민국은 하나님의 보호하심이 없었다면 지금의 국가로 지탱해 올 수 없었을 것이라고 저는 감히 단언합니다. 조선 후기 한반도는 청일전쟁, 러일전쟁을 겪으며 일본, 중국, 러시아 등 주변 열강들의 전쟁 놀이터였습니다. 일제강점기와 동족상잔의 전쟁을 치르면서 국가의 정체성

이 소멸될 수밖에 없는 절체절명의 위기에서 기적같이 자유민주주의 국가로 유지해 왔습니다. 특히 2차 세계대전 이후 수십 개국이 넘는 신생 독립국가 중에서 대한민국만이 유일하게 산업화와 민주화를 넘어 세계 10대 강국의 반열에 들어섰습니다. 이것은 국가지도자의 리더십과 부지런하고 근면한 국민성만으로 도저히 이룰 수 없으며, 보이지 않는 전능하신 하나님께서 역사하신 증거입니다.

풍전등화처럼 한 치 앞을 예측할 수 없었던 위기의 조선을 지키기 위해 하나님께서는 특별히 예비하신 수많은 선교사들을 이 땅에 파송하였습니다. 그분들은 자기 고국보다 대한민국을 더 사랑했고, 일제강점기에는 애국애족 정신으로 무장한 수많은 독립투사를 양성했습니다. 이준 열사 등 헤이그 밀사를 파송하며 전 세계에 일제의 만행을 알리면서 대한민국을 위해 생명을 걸었고, 순교하면서까지 이 땅을 지켰습니다. 하나뿐인 자기 생명보다 더 고귀한 그 무엇이 이분들의 마음을 움직였을까? 그것은 바로 복음의 가치요, 사명이었습니다. 복음 사명은 생명보다 귀한 것입니다. 생명을 바쳐서라도 지켜야 할 순결한 그 가치가 바로 '복음'이요, '예수님의 사랑'을 전하는 것입니다.

자기 나라에서 촉망받던 엘리트 청년들이 의사, 교수, 공무원 등 당대 최고의 일자리와 신분보장을 포기하고, 이 한 목숨을 바쳐서라도 위기의 조선을 구해야 한다는 사명감으로 이 땅을 밟았고 그분들의 거룩한 순교의 피 값으로 100여 년이 지난 오늘날 대한민국은 10대 강국, 세계적인 선도국가로 발전했습니다.

이제 한국 교회가 복음의 빚을 갚아야 할 차례입니다

2018년 연말 통계에 의하면, 한국 교회가 파송한 열방의 선교사는 거의 2만 8천여 명에 육박합니다. 미국 다음으로 세계 두 번째 선교사를 많이 파송한 선교강국입니다.

교단과 개 교회의 선교비 지원을 받아 괄목할 만한 성과를 내며 열악한 환경에서도 선교를 잘하는 선교사가 있는 반면에, 거의 50%에 가까운 선교사들은 선교비가 중단되고, 삭감되어 선교현장에서 생계 유지도 힘들 정도로 자립이 불가한 '미자립 선교사' 입니다.

월드비전 이사를 거쳐 2년 전에 CTS인터내셔널 회장으로 부임하여 열방의 미자립 선교사를 돕기 위해 많은 노력을 기울였습니다. 지나온 2년 동안은 과거 청와대 근무할 때보다 더 헌신적으로 근무한 제 생애 가장 보람 있는 시간이었습니다. 교회나 학교에서 초빙강사로 활동 한 것 외에는 평일, 공휴일을 가리지 않고 이른 아침부터 밤늦게까지 사무실에 출근해 '오직 예수, 오직 선교' 일념으로 효율적으로 선교할 수 있는 방안을 모색하면서 선교사를 돕기 위한 아이디어와 기도로 많은 시간을 보냈습니다.

교회 집회 강사로 설 때마다 **"우리 모두는 선교사적 사명을 받아 이 땅에 태어났습니다. 열방의 선교현장에 '나가는 선교사'가 되든지, '보내는 선교사(나도 선교사)'가 됩시다"**라고 성도님들께 호소했습니다.

참으로 많은 성도님들의 호응으로 금년부터 미자립 선교사 중에서 상황이 긴박한 지역을 선정하여 매월 일정액의 선교비를 지원하는

"미자립 선교사 돕기 나도선교사 프로젝트"를 진행하고 있습니다.

그러나 미자립 선교사 중에 1%도 채 돕지 못하는 현실이 너무 안타깝고 가슴이 아파 한국 교회의 천만 성도님들께 이 지면을 통해 다시 한 번 동참을 권면드립니다.

"한국교회 천만 성도님들이여! 이제 우리가 선교의 빚을 갚아야 할 때입니다. 130여 년 전의 미국은 1860년대 초중반 남북전쟁의 후유증으로 인해 현재 대한민국보다 훨씬 더 못살았습니다. 그러나 조선 땅에 파송한 선교사들을 돕기 위해, 미국 본토의 성도님들이 '보내는 선교사'가 되어 보내준 그 선교후원금으로 우리나라에 학교를 세우고, 병원과 복지시설을 지어 복음으로 조선을 변화시켰습니다."

저는 이 책의 원고를 한 줄, 한 줄 기도를 드리는 마음으로 써내려가면서 서원을 드렸습니다.

"하나님! 이 책을 읽는 성도님마다, 한 주간에 커피 한 잔 값을 절약하여 한 달에 만 원씩 선교비로 후원하는 '보내는 선교사'가 될 수 있도록 마음의 감동을 주십시오. 천만 성도님 중에 하나님 마음에 합한 백만 명을 선발하여 '백만 보내는 선교사: Million Missionary & Ambassador, MM&A' 클럽 멤버로 등록하도록 마음을 열어 주십시오. 하나님께서 지명한 백만 성도님과 함께 대한민국에서 파송한 미자립 선교사를 책임지겠습니다."

이 책을 읽으시는 독자 여러분은 '백만 보내는 선교사' 클럽 회원 자격이 있습니다.

한국 교회 성도님들은 열방의 선교현장에 '나가는 선교사'가 되든지 매월 일만 원의 선교비 후원으로 '보내는 선교사'가 되실 수 있습니다. '100만 보내는 선교사 클럽' 법인을 설립하여 여러분의 후원금을 미자립 선교사를 위해 투명하게 집행하고, 연말에는 후원금 집행결과를 정학하게 보고하는 시스템을 구축하고 있습니다.

4차 산업혁명기술의 핵심인 블록체인 기술을 적용하여 개발한 '미션코인'으로 선교후원금을 납부하면, 내가 후원한 선교후원금이 어느 나라(?) 어떤 선교사(?)에게 지원되었는지… 선교후원금의 집행과정을 미션코인의 블록에 세부적으로 기록하여 후원자가 직접 후원금의 집행과정을 정확하게 확인할 수 있도록 국내 최초로 '블록체인 기반의 후원금 투명시스템'을 개발하여 국내 선교단체의 후원금 관리체계를 투명하고 공정하게 집행하도록 앞장 설 것입니다.

제가 알고 지내는 몇몇 분은 기업체의 CEO, 전문경영인, 고위 공직자 및 군 장성, 대학교 총장으로 은퇴한 후에 아프리카, 동남아 선교현장에서 전문인 선교사로 활동하시는 분들이 있습니다. 그분들은 성공적인 직장생활로 은퇴 후에 보장된 편안한 노후생활을 포기하고, 60세가 넘은 나이에 자원하여 해외 자비량 선교사로 활동하고 있습니다.

아프리카, 동남아 국가 중에서도 일반 선교사들이 꺼려하는 오지, 아직도 복음이 전파되지 않은 험악한 지역을 선택하여 복음의 빚을 갚는다는 마음으로 이름 없이 빛도 없이 묵묵히 헌신하며 많은 사람들에게 감동을 주고 있습니다.

그분들을 생각할 때마다 함께 동참하지 못하고 안락한 생활에 젖어 있는 제 자신이 한없이 부끄럽고 송구스러운 마음에 눈시울이 붉어집니다.

지난 40여 년 동안 공직생활을 하면서 청와대기독선교회를 창립하여 회장으로 섬겼고, 고위 공직자 시절엔 '한국기독공직자선교회'를 설립하여 회장으로 섬기며 100만 공직자 선교를 위해 '공직자 윤리강령'을 선포하면서 봉사했습니다. 공직을 은퇴한 후에는 한국직장선교연합회대표회장을 역임했고, 지금도 세계직장선교연합회 대표회장, 누가선교회장 및 국가조찬기도회 부회장 등 여러 단체에서 선교활동을 해오고 있습니다. 이러한 국내 선교활동을 해오면서 느끼는 것은 '내가 해외 선교현장에는 못 나가지만, 한국교회 성도님들과 함께 연합하여 '보내는 선교사'가 되어 해외 파송된 선교사를 돕는 일도 중요한 사명임을 깨달았습니다.

아프리카 케냐의 스크랜턴 임연심 선교사,
투르카나에 뼈를 묻다

20여 년 전, 청와대기독선교회 회장 당시 케냐에서 선교사로 헌신하시던 임연심 선교사님이 선교대회 참석차 일시 귀국했을 때, '청와대기독선교회' 예배에 강사로 초빙하여 말씀을 들을 기회가 있었습니다. 임 선교사님은 유복한 집안의 무남독녀로 독일에서 유학을 마치고 귀국길에 예수전도단과 함께 아프리카 케냐에 단기선교를 갔습니다. 귀국한 후에, 다시 케냐 선교사로 나가서 산세가 험하고 오지로 유명한 투르카나 지역에서 26년 동안 독신으로 선교활동을 하시다가 2013년에 풍토병으로 순교하였습니다.

저는 20여 년 전, 임 선교사님과의 인연으로 특별히 아프리카 선교에 관심을 가졌습니다. 2012년 카이스트 부총장 재임 중에 2주간 휴가를 받아 당시 월드비전 이사 자격으로 아들과 함께 탄자니아 단기선교 봉사를 다녀온 적이 있습니다. 귀국길에 탄자니아와 인접한 케냐에 들려 임연심 선교사님의 선교지를 방문하려고 계획하였으나, 투르카나 지역이 너무 험악하고 오지라 교통편이 여의치 않아 결국 방문을 포기하고 귀국하였습니다. 그 후 6개월 만에 임연심 선교사님의 비보를 접하고 후회와 죄송한 마음에 눈물을 주체할수 없었습니다.

현재 (사)굿피플에서 임연심 선교사님의 평생소원이었던 투르카나 지역에 '임연심 굿피플 미션스쿨(중·고교과정)'을 설립하여 케냐의 민족 지도자를 양성하고 있습니다. 2018년 케냐 정부의 수능시험(KSCE)에서 54개 학교 중에서 1등을 차지할 정도로 짧은 기간 안에 케냐의 명문 중고등학교로 발돋움하고 있습니다. 마치 130여 년 전에 아펜젤러와 스크랜턴 선교사가 배재학당과 이화학당을 세워 수많은 독립 영웅과 민족지도자를 양성한 것같이 임연심 선교사님은 천국으로 가셨지만 이제 아프리카에서 한국교회를 대표하여 사랑의 빚을 갚고 있습니다.

이제 내가 결단해야 할 차례입니다

수천 년 동안 우상과 무속신앙의 사슬에 얽매여 침몰해 가는 한반도를 구하기 위해, 수많은 서양의 선교사가 자원하여 이 땅에 와서 그들의 희생과 헌신으로 오늘날 대한민국은 잘 사는 나라가 되었습니다. 이제는 우리가 그분들에게 진 빚을 갚아야 할 차례입니다. 우리들 모두는 이 세상에서 사역이 끝나면, 단 한 사람도 예외 없이 백 보좌 앞 심판대에서 예수님을 만나게 됩니다.

특히 우리는 대한민국 크리스천으로서, "너는 무엇을 하다 왔는가?"라고 물으실 예수님의 질문에 답변을 준비해야 합니다.

열악한 선교현장에 가서 직접 선교는 못 하더라도 독자 여러분께서 결단만 하신다면, 우리의 일상에서 '선교사를 돕는 보내는 선교사' 역할을 할 수가 있습니다.

이 책이 발간되기까지 기초 자료수집부터 원고초안 작성까지 사명감으로 함께 해주신 김성원(전 국민일보 종교부 기자) 집사님과 고영래 집사님, 김규숙 권사님 등 출판사 관계자 여러분께 고마운 마음을 전합니다.

특히 2011년 탈북한 최성국 웹툰 작가님과 원고의 일부분을 교정하여 준 이현웅 박사님께도 감사드립니다. 최성국 작가는 평양미술대학교를 졸업한 후 북한에서 반미, 반한 포스터를 그리며 북한체제 선전에 앞장섰던 국제적 명성 있는 웹툰 작가입니다. 탈북과정에서 하나님을 만난 후 지금은 '한국판 쉰들러'라고 할 정도로 북한 주민을 탈북시키고 대한민국에 정착시켜 '복음을 전하는 탈북행

전의 복음전사'로서 활동하고 있습니다.

또한 세심한 고증과 감수를 해 주신 이상규 목사님(고신대 교수, 전 부총장)과 박명수 목사님(서울신대 교수)께 깊이 감사드립니다.

마지막으로 제가 섬기는 여의도순복음교회 이영훈 당회장 목사님을 포함해 두레 수도원장 김진홍 목사님, 연세중앙교회 윤석전 목사님과 군포제일교회 권태진 목사님, 새에덴교회 소강석 목사님, 아홉길사랑교회 김봉준 목사님, 영락교회 김운성 목사님, 수원중앙교회 고명진 목사님, 광림교회 김정석 목사님, 영안장로교회 양병희 목사님, 신길교회 이기용 목사님, 부산 세계로교회 손현보 목사님, 세계로금란교회 주성민 목사님, 국민비전클럽 회장 박성철 장로님, CTS기독교TV 감경철 회장 장로님, 국가조찬기도회장 두상달 장로님, 서희건설 회장 이봉관 장로님, CBMC 회장 이승율 장로님, 여의도순복음교회 장로회장 박경표 장로님 등 많은 목사님과 장로님들의 격려와 추천에 깊이 감사드립니다.

'하나님은 이 시간에도 복음에 붙들린 한 사람을 찾고 계십니다.'

참고 문헌

김권정,『(한국인보다 한국을 더 사랑한 미국인) 헐버트』, 역사공간, 2015.

김동진,『(파란눈의 한국혼) 헐버트』, 참좋은친구, 2010.

김석주 외,『북한주민의 질병관과 질병형태』, 서울대학교출판문화원, 2015.

김양선,『韓國 基督敎史 硏究』, 기독교문사, 1971.

김영재,『韓國敎會史』, 개혁주의신행협회, 1992.

닥터 셔우드 홀,『닥터 홀의 조선 회상』, 김동열 옮김, 좋은씨앗, 2012.

류대영,『개화기 조선과 미국 선교사』, 한국기독교역사연구소, 2004.

박창원,『(한국의 문자) 한글』, 이화여자대학교출판문화원, 2014.

박형우,『(조선 최초의 근대식 병원) 제중원』, 21세기북스, 2010.

박형우·박윤재,『사람을 구하는 집, 제중원』, 사이언스북스, 2010.

변광석,『우리 역사 속 부정부패 스캔들』, 역사의아침, 2011.

신호철,『귀츨라프 행전』, 귀츨라프연구소, 2017.

윤성렬,『도포 입고 ABC 갓 쓰고 맨손체조』, 학민사, 2004.

이덕주,『종로 선교 이야기』, 진흥출판사, 2005.

_____ ,『한국교회 처음 이야기』, 홍성사, 2006.

_____ ,『(이덕주 교수가 쉽게 쓴) 한국 교회 이야기』, 신앙과지성사, 2009.

이만열,『한국기독교와 민족의식―한국기독교사연구논고』, 지식산업사, 1991.

이윤우,『제중원 박서양』, 가람기획, 2010.

이황직,『독립협회, 토론공화국을 꿈꾸다』, 프로네시스, 2007.

이희근,『백정, 외면당한 역사의 진실』, 책밭, 2013.

제임스 S. 게일,『전환기의 조선』, 신복룡 옮김, 집문당, 1999.

편유장,『일반인을 위한 결핵가이드』, 고려의학, 2002.

캐서린 안,『조선의 어둠을 밝힌 여성들』, 포이에마, 2012.

호머 헐버트,『대한제국 멸망사』, 신복룡 역주, 집문당, 2013.